RECADOS DA BOLA

Organização **Jorge Vasconcellos** Entrevistas concedidas a **Jorge Vasconcellos** e **Claudiney Ferreira**

COSACNAIFY

RECADOS DA BOLA

Depoimentos de doze mestres do futebol brasileiro

A Seleção desembarca, anos 50: entre os convocados, Zózimo, Djalma Santos e Zito

Em 1956, Djalma,
Canário e Zizinho
defendem a Seleção

Em 1962, no frio chileno, Pelé, Bellini e Jair Marinho assistem à final da Copa. No lugar de Bellini, jogou Mauro. Pelé, devido a uma contusão na virilha, também ficou fora

RLY COMPANY GOODS WAREHOUSE

Treinamento da Seleção
em território inglês,
Copa de 1966

EMERGENCY EXIT

Pelé e Djalma chegam a Liverpool, onde foram disputados os jogos do Brasil em 1966

Nilton Santos, Garrincha, Didi e Gilmar relaxam no vestiário após partida da Copa de 1962

Antes do embarque para a Copa do Chile, em 1962, jogadores fazem refeição na concentração de Nova Friburgo, no Rio de Janeiro

Ademir Menezes, Barbosa e Zizinho bebem Guaraná – a Antarctica distribuía a bebida para os jogadores no final das partidas, Copa de 1950

CBD

Garrincha, Nilton Santos
e Gilmar abraçam Pelé,
o camisa 10, na conquista
do primeiro Mundial,
em 1958, na Suécia

Apresentação • Luis Fernando Verissimo 25
Introdução • Jorge Vasconcellos 29
BARBOSA 52
DOMINGOS DA GUIA 64
JAIR ROSA PINTO 74
ZIZINHO 86
ADEMIR MENEZES 98
DJALMA SANTOS 110
BELLINI 128
NILTON SANTOS 140
ZITO 160
DIDI 176
RIVELLINO 194
SÓCRATES 206

APRESENTAÇÃO

Eles fizeram parte das nossas vidas. Foram nossos heróis, nossos mitos, nossa alegria. Quando pararam de jogar, continuaram a ser heróis das nossas lembranças e mitos do nosso passado, e a nos alegrar cada vez que pensamos no que fizeram. Mas também continuaram a ser gente. Antes e depois de participarem de nossas vidas, tiveram suas próprias vidas.

Tiveram seus dramas, seus sucessos e fracassos, suas certezas e incertezas – na maioria das vezes, salvo alguns casos de notoriedade permanente, longe da nossa atenção. Por um breve espaço de tempo soubemos tudo sobre a vida deles, ou pensávamos que sabíamos. Do antes e do depois, sempre soubemos muito pouco.

O ator inglês David Niven contava que certa vez foi abordado por uma senhora que lhe perguntou:

– Você não era o David Niven?

Ele continuava sendo o David Niven, só não era mais o David Niven em que as pessoas prestavam atenção. Acontece isso quando encontramos um jogador que só conhecíamos de ver jogar, um herói das nossas lembranças. Temos que nos cuidar para não perguntar:

– Você não costumava ser o...

Ele ainda é o mesmo, talvez um pouco mais gordo ou com cabelo branco. Seu tempo de jogador foi o prazo da sua existência, para nós, mas sua existência como ser humano foi muito mais do que isso. E, como este livro mostra, pode ter sido uma existência fascinante.

Em *Recados da bola – depoimentos de doze mestres do futebol brasileiro* estão as histórias de bastidores que ninguém conhecia, as histórias pessoais que ninguém desconfiava, personalidades surpreendentes, tipos inesquecíveis – um mundo inteiro a ser descoberto, além da bola e seus caprichos.

O livro é sobre grandes craques do passado, mas é sobre toda a gente do futebol depois do futebol. Beleza.

Luis Fernando Verissimo

No meio da torcida,
Zito e Djalma Santos:
o jogo vai começar

INTRODUÇÃO

A era do rádio

Os depoimentos que compõem este livro foram coligidos inicialmente para uma série radiofônica realizada para o Serviço Brasileiro da BBC de Londres no primeiro semestre de 1994, por mim e pelo jornalista Claudiney Ferreira.

Havia uma razão importante para a realização da série *Brasil: um século de futebol (1894-1994)*, composta por dez programas: celebrar o centenário da prática do esporte no país, cujo marco inicial é o jogo organizado pelo mitológico anglo-paulistano Charles Miller na área central da cidade de São Paulo.

Todas as entrevistas foram feitas no Brasil. Depois, Claudiney e eu levamos um imenso pacote de fitas para Londres (era assim a pesada tecnologia da época). Durante vinte dias ficamos trancados nos estúdios da BBC, cuidando com carinho cirúrgico para que *Brasil: um século de futebol (1894-1994)* viesse a se tornar uma sequência importante da história do nosso futebol. Após ter sido distribuída às emissoras de rádio de todo o país, a série foi veiculada repetidas vezes, e a repercussão foi a melhor possível.

A maior parte das entrevistas aconteceu em 1994, ano em que o Brasil sagrou-se tetracampeão nos Estados Unidos. De lá para cá, alguns craques vieram a falecer: Domingos da Guia, Jair Rosa Pinto, Zizinho, Barbosa, Ademir Menezes e Didi. Diante deste fato, não posso deixar de mencionar que, apesar do advento do cinema e da televisão, foi graças ao rádio, veículo de comunicação umbilicalmente ligado ao futebol, que uma parcela significativa da nossa memória futebolística foi preservada.

A voz e a vez do livro

Na passagem das entrevistas radiofônicas para o registro em livro, alguns cuidados foram tomados. Diante de um elenco de quase trinta depoimentos, composto de jogadores, técnicos, intelectuais, jornalistas, autores etc., foram escolhidos apenas o de oito craques: Domingos da Guia, Jair Rosa Pinto, Zizinho, Ademir Menezes, Barbosa, Didi, Rivellino e Bellini. Em 2004, nos primeiros encontros com o editor Augusto Massi, surgiu a ideia de acrescentar novos depoimentos de jogadores que vestiram a camisa da Seleção Brasileira e poderiam ajudar a compor um quadro mais completo das conquistas de 58 e 62 e das derrotas de 50, 66 e 82. Então, ao conjunto inicial, se juntaram conversas com Djalma Santos, Zito, Nilton Santos e Sócrates. Estes entrevistados apenas por mim.

Outra preocupação foi no sentido de preservar a oralidade dos depoimentos, marcados por falas extensas, expressões de época e apelidos. Não podia também imaginar que a pesquisa fotográfica realizada pela editora enriqueceria tanto os depoimentos. Graças à incorporação das fotos, uma série de elementos da vida cotidiana irrompe com toda força, revelando aspectos inesperados e curiosos: a elegância de certos jogadores, a presença do universo da moda e das modelos, a forte cobertura da imprensa tanto nos gramados como nos vestiários e concentrações, as antigas relações entre política e futebol etc. Vale ressaltar o imprescindível apoio de Djalma Santos que, generosamente, disponibilizou imagens do seu acervo, resultado de um raro esforço de conservação da memória do nosso futebol.

Derrotando derrotas

Recados da bola reúne depoimentos de jogadores que se destacaram na Seleção Brasileira, vários deles campeões mundiais. Porém, mais do que fugir do tom ufanista ou da velha patriotada, o livro sugere um sutil fio condutor. Por que abrir com Barbosa e fechar com Sócrates? Embora pertençam à melhor memória do futebol brasileiro, muitas vezes serão lembrados pelas derrotas que marcaram época; seja em 1950, o famoso *Maracanazo*, seja na traumática derrota de 1982 na Espanha, que acabou por ser reencenada em 1986.

É interessante lembrar que vários dos que foram bicampeões e alcançaram a glória, caso de Nilton Santos, estiveram no elenco de 1950 e participaram da vexatória "batalha de Berna", na Copa da Suíça, em 1954. Djalma Santos também esteve em campo na Suíça, mas quatro anos depois encantou o mundo, na Suécia. Bastou participar de apenas um jogo, a final contra os anfitriões, para que fosse aclamado como o melhor lateral direito do Mundial. Didi, o cerebrino genial, que foi considerado um dos principais jogadores da Copa de 1958, também acabou derrotado em 1954, na partida contra os húngaros.

Talvez também seja consenso, dentre todos que se dedicam à história do futebol, que a derrota para o Uruguai, em 1950, foi o trauma-combustível para uma sequência espetacular de vitórias. O gesto de Bellini, em 1958, seria repetido em outros quatro mundiais e em diversas outras competições internacionais.

Mas não se trata, aqui, apenas de vitórias e derrotas.

Através da forte personalidade de Jair Rosa Pinto, por exemplo, dos seus argumentos cortantes, corajosos e polêmicos, pouco a pouco, nos damos conta de que todos esses craques opinavam constantemente na escalação, elogiavam ou criticavam a organização das delegações brasileiras, sabiam defender um ponto de vista. Nilton Santos – é até engraçado lembrar – não poupou palavras duras direcionadas a Flávio Costa, o famoso técnico a quem dedicou uma espécie de "raiva de estimação". Esses jogadores souberam lidar não somente com os aspectos técnicos do jogo, mas tiveram que driblar questões políticas e sociais extra-campo.

Ao longo do livro, também acompanhamos, principalmente nas entrelinhas dos relatos de Jair Rosa Pinto, Zito, Djalma e Nilton Santos, a construção da grande mitologia em torno de Pelé e Garrincha. Ambos não precisam estar presentes sob a forma de um depoimento, eles emergem de uma memória coletiva, de um enredo que mistura saborosamente os primeiros treinos, conselhos, anedotas e gols inesquecíveis. Aqui a imaginação tabela com a realidade.

A fala da bola

O *tête-à-tête* com o grupo dos doze está irredutivelmente marcado na lembrança. O encontro com Domingos da Guia, por exemplo, deu-se em seu apartamento no Méier, bairro carioca que conheço muito bem, próximo que é do Encantado, onde nasci e passei a adolescência. Domingos era, àquela altura, um homem idoso de alma branda.

Com Zizinho não havia nenhuma urgência em falar da *débâcle* de 50, estávamos interessados em seus ensinamentos como um dos principais meias de todos os tempos, além de buscar entender por que Pelé lhe confere a condição de ídolo. Mas o elegante cavalheiro de Niterói fez questão de abordar o tema: "Vocês não vão querer saber por que perdemos a final contra o Uruguai?".

Didi impressionava pela dicção tranquila e firme, exteriorizando o caráter de quem pensava em cada sílaba antes de fazê-la chegar aos interlocutores. Em campo, devia ser do mesmo jeito – um pensamento a cada passo com a bola. Barbosa, por sua vez, permitia a seus entrevistadores registrar a voz e a vida alquebrada. Não que lhe faltasse humor. Sua fala era agradável e insinuante; mas, infelizmente, o baque da perda da Copa de 50 não lhe foi possível superar.

Vale ainda destacar a peculiaridade do depoimento de Sócrates, um homem-jogador cabalmente político. A idealização e a liderança da experiência conhecida como Democracia Corintiana faz dele um personagem único no ambiente do futebol.

A marca característica dos encontros com o time dos doze foi a gentileza, a generosidade de cada craque em recuperar, detalhadamente, a memória de episódios antigos que nem sempre lhes são favoráveis. Sinto-me grato pelas lições de futebol que recebi. Torço para que os leitores aproveitem ao máximo essas aulas históricas.

Recados da bola é, naturalmente, um recorte dentre os muitos possíveis no amplo repertório gravado originalmente para os programas de rádio. Aos eventuais interessados, além dos profissionais especializados no assunto, fica a lembrança de que o conjunto completo das gravações está disponível para consulta no *Acervo Certas Palavras*, abrigado no Centro de Documentação Alexandre Eulálio (CEDAE) do Instituto de Estudos da Linguagem (IEL) na Universidade de Campinas (UNICAMP).

Jorge Vasconcellos

A Seleção Brasileira em 16 de julho de 1950, final da Copa, no Maracanã lotado: Barbosa, Augusto, Danilo, Juvenal, Bauer, Ademir Menezes, Zizinho, Jair Rosa Pinto, Chico, Friaça e Bigode

CBD
BRASIL

A conquista da taça na Copa da Suécia, 1º de julho de 1958. De pé: o técnico Vicente Feola, Djalma Santos, Zito, Bellini, Nilton Santos, Orlando e Gilmar. Agachados: Garrincha, Didi, Pelé, Vavá, Zagallo e o preparador físico Paulo Amaral

BRASIL

Em 21 de junho de 1962, final da Copa do Chile, o bicampeonato brasileiro. De pé: Djalma Santos, Zito, Gilmar, Zózimo, Nilton Santos, Mauro e o médico Hilton Gosling. Agachados: o massagista Mário Américo, Garrincha, Didi, Vavá, Amarildo, Zagallo e o roupeiro Francisco Assis

CBD

Amistoso contra a Escócia, 25 de junho de 1966. Uma dentre as tantas escalações testadas para a Copa daquele ano. De pé: Fidélis, Zito, Bellini, Gilmar, Orlando e Paulo Henrique. Agachados: Jairzinho, Gerson, Servílio, Pelé e Amarildo

O time tricampeão em 1970. Carlos Alberto Torres, Félix, Brito, Piazza, Clodoaldo, Everaldo e o preparador físico Admildo Chirol (de pé); Jairzinho, Gerson, Tostão, Pelé e Rivellino (agachados)

Esso

BRASIL

Na Copa de 1982, na Espanha, o Brasil entra em campo com Valdir Peres, Leandro, Oscar, Falcão, Luisinho e Junior (de pé); o massagista Nocaute Jack, Sócrates, Toninho Cerezo, Serginho Chulapa, Zico e Éder (agachados)

BRASIL
CANCHA

No México, em 1986, o Brasil é Carlos, Sócrates, Julio Cesar, Edinho, Edson e Branco (de pé); o massagista Nocaute Jack, Casagrande, Júnior, Elzo, Careca e Alemão (agachados)

O goleiro
Barbosa,
em 1950

BARBOSA

Barbosa no jogo
América x Vasco.
Novembro de 1951

MOACIR BARBOSA NASCIMENTO nasceu em Campinas, São Paulo, em 27 de março de 1921. Considerado o maior goleiro dos anos 40, titular da Seleção Brasileira, começou a carreira no Tamandaré, de São Paulo, e em seguida transferiu-se para o Ypiranga. Suas atuações acabaram chamando a atenção do Vasco da Gama e, em 1945, foi para o clube de São Januário, onde teve trajetória vitoriosa, conquistando o Campeonato Carioca em 1947, 49, 50 e 52. Apesar da brilhante carreira, encerrada aos 41 anos, no Campo Grande, ficou marcado como o goleiro da derrota para os uruguaios no Maracanã, na final da Copa de 50. Barbosa morreu aos 79 anos no dia 7 de abril de 2000, em Santos.

Céu e inferno

Na Copa de 50, enquanto ficamos na casa do doutor Drault Ernanny, um banqueiro ligado ao Botafogo, o clima estava bom. Passamos uns quarenta dias nesse local, na estrada do Joá, num ambiente descontraído. De vez em quando lembrávamos: "Hoje tem jogo". E então alguém dizia: "Vamos descer para liquidar esses gringos e voltar". Na concentração, soltávamos balões, fazíamos fogueiras, tomávamos nosso vinho. Estávamos no céu. No céu.

Lá, o acesso das pessoas era difícil, por isso ficávamos tranquilos. Pensávamos nos jogos só na hora de descer para a cidade, liquidávamos a fatura e voltávamos. Isso até a partida contra a Espanha. Depois tudo se transformou. Levaram a gente para São Januário, a concentração do Vasco. Sentimos a responsabilidade aumentar. Considerávamos o Uruguai um adversário igual aos outros, tão difícil quanto. Mas o que aconteceu? Tiraram a gente do Joá e nos colocaram em São Januário, quer dizer, saímos do céu e caímos no inferno.

Brasil 6 x 1 Espanha
A partida foi realizada no Maracanã em 13 de julho de 1950. Os gols do Brasil foram marcados por Ademir Menezes (2), Jair, Chico (2) e Zizinho. O gol de honra espanhol foi de Silvestre Igoa. Nessa partida, enquanto o Brasil goleava a Espanha, a torcida cantava a marchinha "Touradas em Madri", composta em 1938, por João de Barro, o Braguinha.

Horário político

Chegando a São Januário, passamos a desempenhar um papel semelhante ao de garotos-propaganda, principalmente de políticos. No dia do jogo contra o

Barbosa em 1960, quando defendia o Vasco da Gama

Uruguai, naquele domingo, 16 de julho, nós sentamos para almoçar às onze horas. Eu só consegui comer um pedaço de bife, uma folha de alface e uma rodela de tomate. Não pude comer mais porque apareceram seis ou sete políticos que disputavam a presidência da República, inclusive o Adhemar de Barros, que foi governador de São Paulo. Era impressionante! Toda vez que tentávamos almoçar, alguém avisava: "Vamos todos levantar que fulano de tal quer falar com vocês". E esse fulano falava meia dúzia de besteiras, como sempre acontece, e não conseguíamos terminar a refeição sossegados. A coisa chegou a tal ponto que o nosso treinador, o Flávio Costa, percebendo que não conseguiríamos mesmo almoçar levou a gente para o ônibus e fomos para o Maracanã. Chegando lá, comemos sanduíches e tomamos água mineral.

Brasil 1 x 2 Uruguai
A final foi disputada no dia 16 de julho de 1950, no Maracanã. Os brasileiros eram favoritos e precisavam apenas de um empate para se sagrarem campeões, mas os uruguaios venceram com gols de Schiaffino e Ghiggia. O gol brasileiro foi marcado por Friaça.

Líderes

Na Seleção de 50 não havia propriamente um líder. Talvez o único líder ali fosse o Zizinho. O Augusto, que era o capitão, também podia ser considerado um líder. Mas eles não exerciam realmente essa função, a não ser que fosse preciso reivindicar alguma coisa.

> Minha preocupação era que o Ghiggia cruzasse a bola e ela caísse na medida para os dois uruguaios que estavam perto de mim. Resolvi arriscar e sair, sabendo que se não saísse e a bola fosse cruzada, fatalmente sobraria para um dos dois marcar o gol. Muitos entenderam esta minha decisão como falha.

Acima e à direita, Barbosa, o dândi: com sua mulher Clotilde, e o inseparável chapéu, em fotos dos anos 50

Nosso técnico, o Flávio Costa, sempre foi um homem estudioso e bastante exigente. Acontece que naquele grupo de 50 ele dava uma orientação tática geral e só. Ele quase não determinava funções e tarefas porque cada um sabia muito bem o que fazer.

O gol que o Brasil não esqueceu

O Uruguai tinha algumas jogadas características: o Obdulio lançava a bola para o Ghiggia, que tinha bastante velocidade e cruzava para o Schiaffino, para o Miguez, ou, mais atrás, para o Julio Perez. Desde o início da partida, chamei a atenção da nossa defesa para essa jogada. Os dois gols do Uruguai saíram de jogadas idênticas. No primeiro, o Ghiggia cruzou da linha de fundo e o Schiaffino mandou para dentro.

O segundo, o gol que o Brasil jamais vai esquecer, aconteceu quando o Ghiggia partiu para cima de dois de nossos homens, o Juvenal e o Bigode. Dentro da grande área estavam o Miguez e o Schiaffino, e eu estava com a atenção totalmente voltada para os dois porque com a saída do Juvenal para marcar o Ghiggia sobrou um espaço vazio.

Minha preocupação era que o Ghiggia cruzasse a bola e ela caísse na medida para os dois uruguaios que estavam perto de mim. Resolvi arriscar e sair, sabendo que se não saísse e a bola fosse cruzada, fatalmente sobraria para um dos dois marcar o gol.

Precisávamos apenas de um empate. O desespero fez com que partíssemos para o tudo ou nada, todos queriam ser heróis. E isso não adiantou muito.

Muitos entenderam esta minha decisão como falha. Me acusam de ter prestado mais atenção nos dois jogadores que estavam na área, esquecendo que o verdadeiro perigo respondia pelo nome de Ghiggia. Este, numa fração de segundo, percebeu para onde estava voltada minha atenção e, acho até que no desespero, chutou de bico. E a bola entrou.

Desespero

Quando acontece uma situação crítica, como foi a do segundo gol do Uruguai, você se vê pressionado pelo desespero para fazer alguma coisa, mas não consegue porque falta serenidade. Precisávamos apenas de um empate. O desespero fez com que partíssemos para o tudo ou nada, todos queriam ser heróis. E isso não adiantou muito.

Nem os cães

Na rua onde eu morava, em Ramos, no Rio de Janeiro, as pessoas eram modestas, mas, antes da final, organizaram um grande banquete com mesas repletas de comida, bebida e tudo o que se pode imaginar. Os pratos estavam cobertos com bandeiras brasileiras.

Quando o jogo acabou – nesse dia até caiu uma garoazinha, do tipo paulista – e eu cheguei em casa, estacionei o carro na porta e disse para minha mulher: "Bom, agora vamos comer, vou ver se consigo comer alguma coisa". Neste momento nos demos conta de que o vento havia descoberto os pratos: peru, leitão, cabrito, e não havia ninguém para comer.

Oito a dez cachorros se juntaram nas imediações e ficaram parados, olhando fixamente para toda comida. O incrível é que nenhum deles ousou tocar no banquete.

Nelson Rodrigues e Barbosa leem edição do *Última Hora*, jornal dirigido por Samuel Wainer, em 1953. Na página anterior, Augusto, Barbosa e Juvenal, foto da década de 50

"O problema do arqueiro, porém, não se resume ao desgaste físico. Não. Ele sofre um constante, um ininterrupto desgaste emocional. [...] Ele traz consigo uma sensação de responsabilidade que, por si só, exaure qualquer um. Amigos, eis a verdade do futebol: o único responsável é o goleiro [...] Um atacante, um médio e mesmo um zagueiro podem falhar. Podem falhar e falham vinte, trinta vezes, num único jogo. Só o arqueiro tem que ser infalível. Um lapso do arqueiro pode significar um frango, um gol e, numa palavra, a derrota. Vejam 50. Quando se fala em 50, ninguém pensa num colapso geral, numa pane coletiva. Não. O sujeito pensa em Barbosa, o sujeito descarrega em Barbosa a responsabilidade maciça, compacta, da derrota. O gol de Gigghia ficou gravado, na memória nacional, como um frango eterno. O brasileiro já se esqueceu da febre amarela, da vacina obrigatória, da espanhola, do assassinato de Pinheiro Machado. Mas o que ele não esquece, nem a tiro, é o chamado 'frango' de Barbosa."

Nelson Rodrigues

VASCO

Em 1935, Domingos da Guia defendeu o Boca Juniors, da Argentina, sagrando-se campeão nacional daquele ano. A foto foi a capa da revista *El Gráfico*

DOMINGOS DA GUIA

"O Tim levava o corpo para lá, Domingos quieto, o Tim trazia o corpo para cá, Domingos nem se mexia. O segredo era esse, não ir na conversa, ficar olhando a bola, na frente. Como é que o Tim ia passar por ele se não era raio X? Foi Domingos que descobriu isso: ninguém era raio X. Mas, para não ir no vai-mas-não-vai, era preciso ser o mesmo: ficar parado, por mais que alguém dançasse em frente."

Mario Filho

Domingos faz embaixada, observado pelo filho Ademir da Guia (quarto da esquerda para a direita, no meio das crianças), que se tornaria um dos maiores ídolos da história do Palmeiras

DOMINGOS ANTONIO DA GUIA nasceu no dia 19 de novembro de 1912, no Rio de Janeiro. Iniciou a carreira no Bangu e, em 1933, foi campeão uruguaio pelo Nacional, recebendo o apelido de "Divino mestre", com apenas 20 anos. Voltou ao Brasil para defender o Vasco da Gama. Em 1935, foi campeão argentino jogando pelo Boca Juniors. Retornou ao Brasil, desta vez para o Flamengo. Jogou quatro anos no Corinthians e encerrou a carreira no Bangu, com 36 anos. Disputou a Copa do Mundo de 1938 na França, quando foi eleito o melhor zagueiro. É o pai de um dos maiores jogadores do nosso futebol, Ademir da Guia. Domingos morreu no Rio de Janeiro em 18 de maio de 2000.

Saída-Bangu

Em 1929, quando deixei meu primeiro clube, o Bangu, saí com uma boa situação financeira. O dono da fábrica de tecidos Companhia Progresso Industrial do Brasil, o doutor Guilherme da Silveira, tinha me arranjado um emprego como fiscal de rendas. Então, ao mesmo tempo que comecei a carreira profissional, iniciei o trabalho de fiscal.

Friedenreich, em 1931, quando levou o São Paulo da Floresta (time que deu origem ao São Paulo Futebol Clube) ao título paulista

Friedenreich e Leônidas

O Friedenreich era centroavante, mas costumava se arriscar fora da posição, caía para a direita, esquerda, cabeceava muito bem e, principalmente, jogava limpo. Chegava na bola sempre antes do adversário. Quando o marcador se dava conta, ele já estava na frente. Além disso, chutava com as duas pernas. Era formidável. Lembro que marcou gol em cima de mim.

O Leônidas da Silva também não era fácil de parar. O futebol dele era maravilhoso. Uma brincadeira um pouco pesada que o Leônidas gostava de fazer era a bicicleta. Na bicicleta, se o jogador não alcança a bola, acerta a cabeça do adversário. Graças a Deus, ele nunca utilizou esse recurso contra mim. O Leônidas era muito famoso. Um jogador espetacular. Mas se tivesse que dar um doce para um dos dois, escolheria o Friedenreich, embora o Leônidas não ficasse muito distante dele, não.

Domingos,
nos anos 40

Na partida contra a Itália, na semifinal da Copa de 38, minha missão era marcar o Piola. [...] Ele não conseguia jogar, porque a marcação era forte, e começou a ficar irritado. Quando estava com a bola nos pés, no corner ou dentro da área, ele sempre procurava me dizer alguma coisa, cuspia, xingava. À certa altura – jogo empatado –, ele parou e me olhou. Eu já estava armando o bote para roubar a bola quando ele me deu um pontapé no tornozelo. O meu erro foi ter revidado.

Domingos era capaz de dominar a bola na pequena área de seu time e, em vez de dar um chutão para a frente, saía driblando os adversários. "A esse tipo de jogada, altamente virtuosística – e também arriscada –, deu-se o nome que se usa até hoje: domingada", escreve Ruy Castro.

A domingada

Eu ficava parado na frente do adversário. Procurava estudar o que ele tinha em mente para tentar resolver os meus problemas; já sabia se era bom chutador, bom driblador, se determinado jogador gostava de prender a bola. O Tim, por exemplo, era um artista do drible. Eu procurava saber para que lado ele gostava de driblar, tentava sempre o direito e saía pela esquerda. Tudo que o adversário pudesse ter em mente eu procurava estudar.

Dia D

Acredito que esse meu nome, Domingos, me ajudou muito, sabe? Se amanhã ou depois, você tiver um jogador na família, um parente, um filho, bota o nome de Domingos, porque ele vai jogar no dia dele, domingo, e isso ajuda um pouquinho. Papai e mamãe me abençoaram quando me deram esse nome. É a impressão que tenho.

"Pelé da zaga"

Esse apelido é generosidade do meu amigo Zizinho. Sempre entendi que o jogador de defesa não tem que marcar o atacante muito à frente da intermediária, porque é o atacante que deve avançar e não o contrário. Assim mesmo, combinava sempre com meu colega de zaga: "olha, quando eu sair, você fica, e quando você for, eu fico".

Conversas com o Todo-poderoso

Fui muito feliz quando jogava porque procurei sempre a igreja. Acho que se nos unirmos ao Todo-poderoso, às forças maiores, aos santos que temos carinho, receberemos tudo o que pedirmos. Tudo aquilo que pedi, eu recebi. Quando ganhávamos bons prêmios, eu ia cumprir minha missão na igreja, conversar com o Todo-poderoso.

Domingos da Guia, elegante, na poltrona, em 1937, e na página anterior, tomando café, 1960

Hora de partir

Lamento o falecimento de minha senhora. Arranjei uma nova companheira, ela também faleceu. As duas foram embora. Estou esperando minha hora de partir.

Filho Divino

A qualidade do Ademir é dele, só dele, não lhe ensinei nada. A única coisa que temos em comum é que o Ademir também começou no Bangu.

Aquele pênalti

Na partida contra a Itália, na semifinal da Copa de 38, minha missão era marcar o Piola. Passei o jogo todo colado nele. Ele gostava de ficar falando no ouvido da gente, mas eu não entendia italiano, então não dava muita bola. Ele não conseguia jogar, porque a marcação era forte, e começou a ficar irritado. Quando estava com a bola nos pés, no corner ou dentro da área, ele sempre procurava me dizer alguma coisa, cuspia, xingava. À certa altura – jogo empatado –, ele parou e me olhou. Eu já estava armando o bote para roubar a bola quando ele me deu um pontapé no tornozelo. O meu erro foi ter revidado. Não tinha que revidar, tinha que ter ficado quieto e seguir em frente. Mas não tive essa paciência.

Quando ele me deu o pontapé, chutei o joelho dele. O juiz veio correndo e falou comigo no idioma dele (era um suíço). Não entendi nada, um tal de "rurru, rurru, rurru, rurru". Eu falei que tudo bem e fui saindo de campo. O bandeirinha não me deixou sair: "No, no, no, no!". Ele havia acabado de conversar com o árbitro. Pensei: bom, então não fui expulso. Mas o juiz pegou a bola e botou na marca da penalidade máxima, eu não tinha mais dúvida. Acho que foi naquele momento que nós entramos bem, entende?

Brasil 1 x 2 Itália

A partida aconteceu no dia 16 de junho de 1938, em Marselha, na França. Os italianos venceram com gols de Colaussi e Meazza, este de pênalti num episódio que se tornaria famoso. Provocador, o atacante italiano Piola fez com que Domingos o atingisse sem bola no lance. O juiz marcou pênalti, que a Itália converteu, passando à final do torneio. O gol brasileiro foi anotado por Romeu.

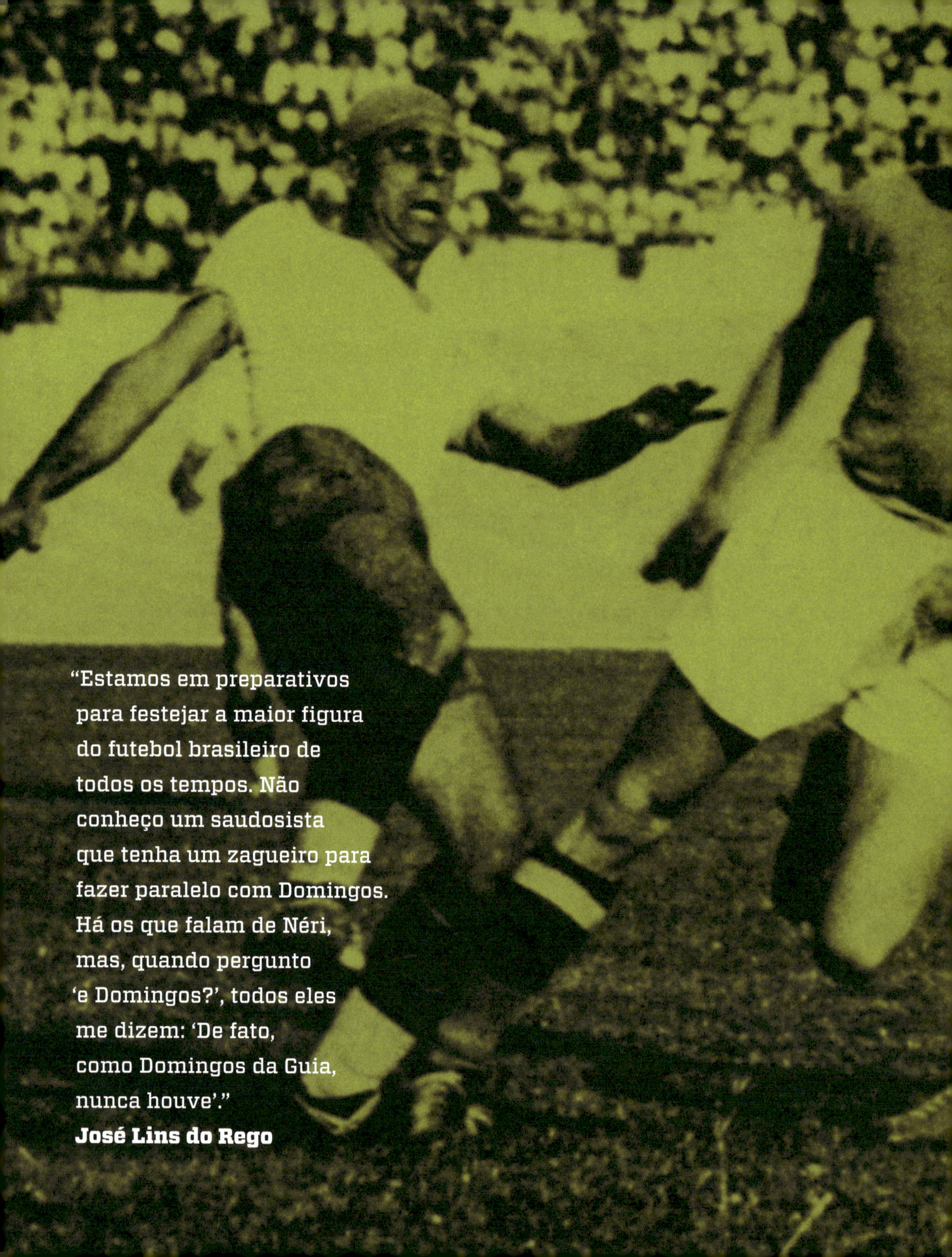

"Estamos em preparativos para festejar a maior figura do futebol brasileiro de todos os tempos. Não conheço um saudosista que tenha um zagueiro para fazer paralelo com Domingos. Há os que falam de Néri, mas, quando pergunto 'e Domingos?', todos eles me dizem: 'De fato, como Domingos da Guia, nunca houve'."

José Lins do Rego

Machado e Domingos tentam parar o italiano Piola, no jogo que custou a eliminação do Brasil da Copa da França, em 1938

Com o manto tricolor, 1961

JAIR ROSA PINTO

Jair, em 1960, no vestiário do Santos

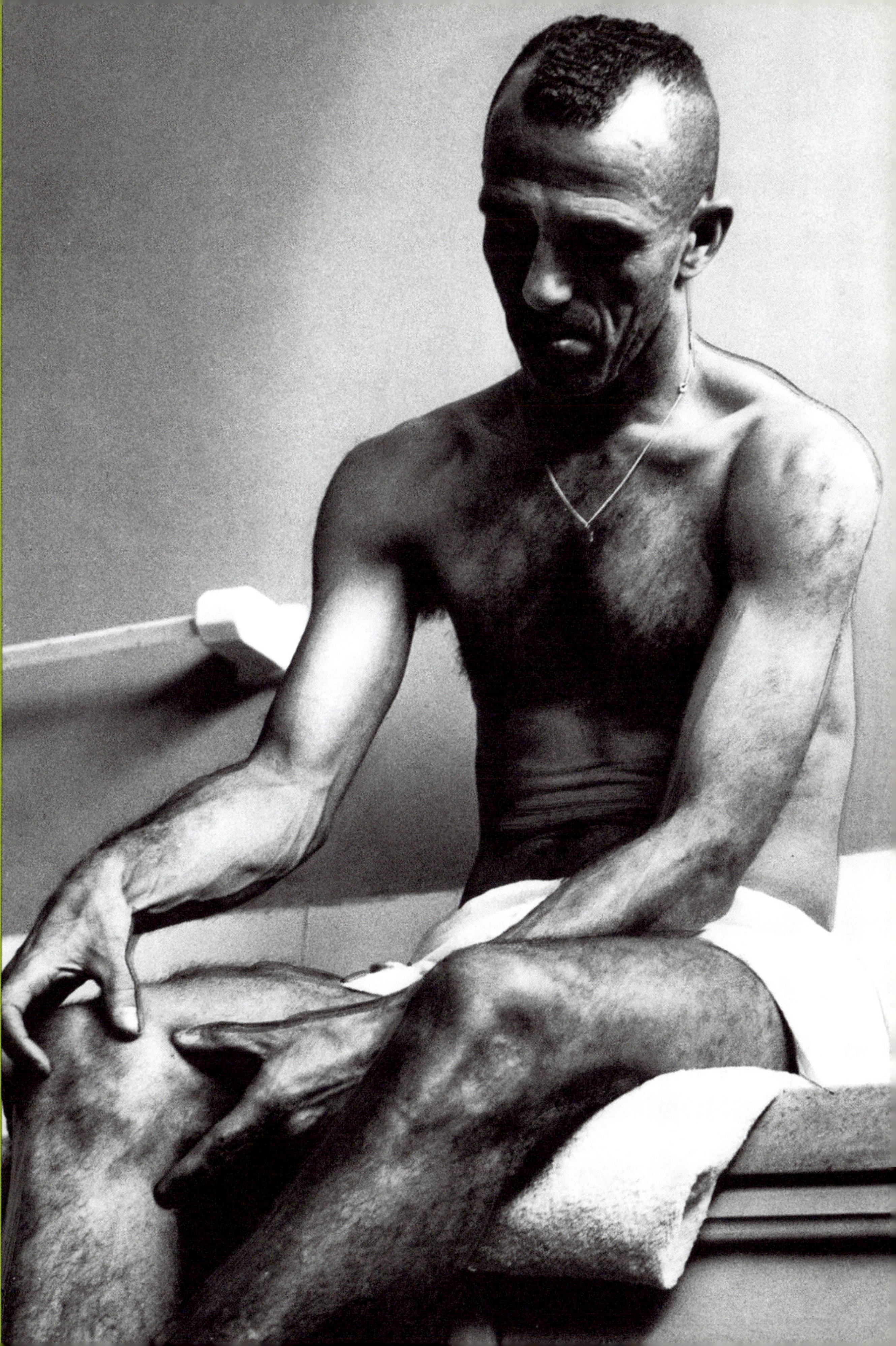

JAIR ROSA PINTO nasceu no dia 21 de março de 1921, em Barra Mansa, Rio de Janeiro. Era um mestre das cobranças de falta (há quem afirme que foi o inventor do chute de curva). Jajá Barra Mansa, como ficou conhecido, usava a perna esquerda para realizar dribles curtos, passes precisos e chutes poderosos. Começou a carreira no Madureira (RJ), depois vestiu as camisas do Vasco da Gama, Flamengo, Palmeiras, São Paulo e Ponte Preta. O último clube que defendeu foi o Santos, com quase 40 anos. Pela Seleção, disputou a Copa do Mundo de 1950 e foi artilheiro do Sul-Americano de 1949 (atual Copa América) marcando nove gols. Morreu no Rio de Janeiro em 28 de julho de 2005.

E ponto final

Sou Jair Rosa Pinto. Essa história de Jair "da" Rosa Pinto apareceu por volta de 1950. Queriam me levar para jogar na Itália e disseram que esse "da" me ajudaria, porque italiano tem muito "da Rosa", "da" não sei o quê. Eu falei: "não". Nunca aceitei. Até hoje tem jornal que bota Jair "da" Rosa Pinto, mas sou Jair Rosa Pinto.

Um olho no padre, outro na missa

O futebol é minha paixão. Meu maior prazer não era fazer o gol nem chutar forte, ficava satisfeito em botar um companheiro na cara do gol, para ele marcar.

Eu chutava com o lado de fora do pé, com o lado de dentro, de três dedos, de dois dedos. Para mim não tinha segredo. Outro dia vi uma entrevista do Pelé – joguei cinco anos ao lado dele, uma honra para mim – e ele dizia que olhava para um lado e jogava a bola para o outro. Ele não estava mentindo, e não estou dizendo isso porque o Pelé foi o maior jogador do mundo. Eu também me especializei nesse negócio.

Na Copa de 1950, Jair marca o segundo gol da vitória de 6 x 1 contra a Espanha, no Maracanã

Primeiros passos

Desde pequeno eu já chutava bem, chutava forte. Meu pai era dono de um time e a bola ficava lá em casa. Mas onde me aperfeiçoei mesmo foi no Madureira. Quando cheguei no Rio, em 1938, eu ia para o campo sozinho e ficava batendo bola. Aprendi muito com um ponta-esquerda chamado Chueco Garcia, que jogava na Argentina. Ele chutava de três dedos, batia corner de um jeito que achei que também poderia fazer. Então, ia para o campo do Madureira bem cedo, ficava chutando, ia buscar a bola, treinava sozinho muito tempo.

Eu me consagrei no Madureira. Quando cheguei lá, encontrei um time razoável. Minha vida começou ali, no subúrbio do Rio, aos dezessete anos. Do Madureira fui direto para a Seleção. Foi uma satisfação muito grande. Alguns me diziam: você ficou quatro anos no Madureira, devia ter ido logo para o Flamengo. Não, o Flamengo tinha o Alfredo Gonzáles, o Botafogo tinha o Perácio e o Geninho, eu tinha mesmo que ficar no Madureira. Aconteceu de todo o pessoal do Vasco ir para São Paulo, o Gonzáles também. Aí aproveitei, fui para o Vasco e depois para o Flamengo. Foi então que comecei a me entender como jogador.

O que não suporto é culpar isoladamente esse ou aquele jogador pela derrota, porque acho que foram onze contra onze. Quem perdeu a Copa fomos eu, Danilo, Zizinho, Barbosa, Bigode, todos nós. O Flávio Costa escalou o time que tinha que escalar. Entrar em campo ele não podia, não podia fazer nada. Acho que a responsabilidade foi nossa, dos onze, os culpados fomos nós, não somente o Barbosa ou o Juvenal.

O maior ídolo

Meu maior ídolo foi o Romeu. Cheguei a jogar com ele. O Zizinho, o Domingos, o Pirillo e o Leônidas eram bons, mas achava o Romeu fora de série. Eu cheguei tarde demais em 1938, fui para o Rio em novembro e a Copa foi em julho. Talvez jogasse aquele Mundial se tivesse surgido um pouco mais cedo. Nessa Copa, o mal do Brasil foi tirar o Romeu da meia-direita, onde era uma sumidade, e colocá-lo de centroavante. Coisa de treinador. A Seleção só jogava bem quando o Romeu atuava de meia-direita. Contra a Itália, foi deslocado da meia-direita e isso desmontou o time brasileiro.

Zizinho confere o moicano de Jair, 1960

Duelar e ajeitar

O duelo no meu tempo era assim: o Cláudio ajeitava o Corinthians, eu ajeitava o Palmeiras, o Antoninho ajeitava o Santos, o Sastre ajeitava o São Paulo. Em dia de jogo, diziam "que duelo espetacular, o Sastre, o Jair, o Leônidas". Hoje não tem duelo.

Éramos amigos fora das quatro linhas. O Cláudio entrava em campo, conversava comigo, nem tocava em assunto de futebol: "A patroa está boa?" "As crianças vão bem?" Era o que dizia. Eu sempre me preocupava com o Cláudio, ele se preocupava comigo, se preocupava com o Liminha, que era centroavante, com o Baltazar, outro centroavante.

Quando falo sobre ajeitar um time, no meu caso o Palmeiras, quero dizer que eu ajudava a contratar, sempre indicava outros jogadores. O Palmeiras contratou o Liminha, o Dema e muitos outros por indicação minha, porque eu achava que o meu aproveitamento não estava bom com os caras que jogavam lá. Então, para fazer do Palmeiras um bom time, eu mandava trazer de fora. Aliás, foi aí que o Palmeiras levantou um pouco.

Erramos os onze

Para comentar a derrota na Copa de 50, primeiro é preciso analisar o time adversário, o Uruguai. O Viladônica, que atuou no Palmeiras, um baita jogador, faria parte da minha seleção uruguaia; para se ter uma ideia, ele não foi sequer convocado. Eles tinham goleiro, beque, meio-campo. Não queríamos que dois sul-americanos se enfrentassem na final – o futebol daqui era conhecido por eles –, mas foi o que acabou acontecendo.

Um dos melhores times da Copa era a Espanha. O Brasil ganhou de seis da equipe espanhola, o Uruguai apenas empatou. Nós tivemos a infelicidade de pegar o Uruguai justamente na final, eles já estavam no Brasil há um mês, treinando, batendo bola.

O que não suporto é culpar isoladamente esse ou aquele jogador pela derrota, porque acho que foram onze contra onze. Quem perdeu a Copa fomos eu, Danilo, Zizinho, Barbosa, Bigode, todos nós. O Flávio Costa escalou o time que tinha que escalar. Entrar em campo ele não podia, não podia fazer nada. Acho que a responsabilidade foi nossa, dos onze, os culpados fomos nós, não somente o Barbosa ou o Juvenal, aí não, não estou de acordo.

Jair em 1961, ano em que atuou no São Paulo. No tricolor jogou até 63. Foram 31 partidas. Encerrou sua passagem pelo São Paulo dirigindo a equipe em janeiro de 1963

Canja, cigarro e rock'n roll

Fiz tudo o que um jogador de futebol pode fazer antes e depois de um jogo. Ter relações com minha mulher antes do jogo para sentir o drama; às vezes depois, para sentir como ficavam os músculos. Era moço, fazia coisas que até eu duvidava. Aos 38 anos, depois dos jogos ficava meia hora tomando banho de banheira com sal, depois tomava uma canja de galinha, fumava um cigarro, escutava uns discos, dormia tranquilo. Na segunda-feira estava muito bem, inteiro. Por isso, cheguei aos 43 anos jogando futebol.

Meio congestionado

No meu tempo, eram dois no meio-campo. Hoje são cinco. Não vou dizer que os jogadores de antigamente eram melhores que os de hoje, só que na minha época, de oito bolas lançadas, umas sete eram aproveitadas. Hoje, esse número é muito menor. Será que os jogadores antigos eram melhores? Talvez seja a mesma coisa, mas com caras como o Didi e o Zizinho o passe era mais preciso. Cinco

Na primeira partida do Pelé, eu disse a ele: "Olha, o futebol aqui é violento, se for disputar uma bola com o beque, você pega ele primeiro, porque deixar ele te pegar não é vantagem nenhuma".

no meio mais atrapalha do que ajuda. Os culpados são os treinadores. Eles trocam ponta-esquerda por ponta-direita para ajudar o meio-campo. Não há necessidade: já tem três beques, dois laterais e mais dois no meio. O centroavante acaba ficando sozinho para brigar contra quatro ou cinco do time adversário.

Lançamento

Fazer um lançamento é jogar a bola atrás do beque. Eu me sentia bem, ficava feliz da vida, quando conseguia isso. De cada dez, eu acertava oito lançamentos. É um bom índice, mas tinha muita gente que também acertava. Quando lançava de uma distância de trinta, quarenta metros, o que não é mole, eu botava a bola na área do adversário. Ficava satisfeito.

Pelé

Joguei com o Pelé durante cinco anos. Quando ele chegou em Santos, o Waldemar de Brito o apresentou como o filho do Dondinho (meu irmão havia jogado com o Dondinho, em São Lourenço, então eu já o conhecia). O Waldemar falou: "Jair, estou trazendo um neguinho aí que é uma sumidade lá em Bauru. Vou deixar você encarregado dele". Eu disse: "Olha, vai ser difícil, porque não moro aqui, mas em São Paulo". E ele: "Pô, só quando você vier treinar". Acontece que eu treinava pouco em Santos, o time disputava a maioria das partidas fora de casa. Eu morava em frente ao Parque Antártica, em São Paulo. Quando jogava fora, o Santos levava um ou dois juvenis, foi assim que apareceu o Coutinho. Na época, o Santos tinha muita gente, tinha o Vasconcelos, o Del Vecchio, o Pagão.

Na primeira partida do Pelé, eu disse a ele: "Olha, o futebol aqui é violento, se for disputar uma bola com o beque, você pega ele primeiro, porque deixar ele te pegar não é vantagem nenhuma. Quando eles vêm, chegam para decidir, ou acertam a bola ou acertam você". Ele era criança, tinha dezessete, dezoito anos, mas era forte, a perna dele era grossa. Então eu explicava: "Nunca jogue de costas para ninguém, senão te arrebentam. Encara porque você tem físico, vira de frente que o beque já vê logo".

No Palmeiras, Jair jogou de 1950 a 55, anotou 71 gols e foi campeão paulista em 1952

O técnico naquele tempo não mandava nada. Quem ganhou o Rio-São Paulo para o Palmeiras, em 1951, fui eu, 4 x 1 na final contra o Vasco, no Maracanã.

Ele foi aprendendo essas coisas. Em Piracicaba tinha um beque violento, eu dizia: "Cuidado que ele já chega pra decidir". Quando jogavam ele e o Del Vecchio, aí os dois arrebentavam. Ele aproveitava meus lançamentos. Jogávamos eu, ele e o Pagão, na minha opinião outra sumidade, muito melhor que o Coutinho. Da ponta esquerda, o Pepe também lançava a bola para ele, lançamento de trinta metros até a boca do gol. Pela ponta-direita, o Alfredinho, depois o Dorval, e o Pelé logo chegou à Seleção Brasileira. Aí ficou fácil. Mas não teve essa história de "o Jair ensinou", o Pelé já veio craque.

Pé na forma

Eu ficava sempre reto diante da bola. Batia muito com o peito do pé. Não que chutasse forte, não, a bola é que fazia muita curva. Eu também chutava com o lado de fora do pé, como é o caso do Nelinho. Chutar com o lado de dentro é fácil, o lado de fora é que é difícil. Não precisava chutar forte, a bola fazia a curva e enganava o goleiro. Às vezes a impressão era de que a bola ia pra fora, mas fazia uma curva e entrava.

"Jajá Barra Mansa"

Essa história do apelido "Jajá Barra Mansa" começou com um jornalista que me atacava e se aproveitou do fato de eu ter nascido em Barra Mansa, Estado do Rio de Janeiro. Ele dizia que eu só jogava na sombra: "Se tem uma sombra, ele encosta".

Temperamento

Sofria muito quando não ganhava. "O Jair é o culpado porque o Jair é quem ajeita o time", costumavam dizer. Saí do Palmeiras numa situação difícil; no Flamengo foi a mesma coisa; saí do Vasco brigando; saí do Madureira brigando... Meu passado no futebol foi sair brigando de todos os clubes. Sabe por quê? Porque eu era bom. Se fosse uma porcaria me largavam logo, mas eu saía brigando, era um tal de vai, não vai, vai, não vai, e eu ficava satisfeito com isso. Mas só joguei em time bom e em todos deixei o meu recado.

Perseguição

Eu era jogador de meio-campo, de um metro e setenta de altura, sessenta e dois quilos. Como é que podia marcar um cara de um metro e noventa? O Eli tinha um metro e noventa e oito e o falecido Canela, no Flamengo, queria que eu marcasse o Eli.

No Palmeiras, em uma partida contra o Nacional, eu não peguei na bola durante 87 minutos. O Di Domênico, treinador do Nacional, mandou o Charuto ficar andando atrás de mim o jogo inteiro. Eu ia na lateral, ele ia também, eu encostava na baliza, ele encostava também. Tomei vaia o tempo todo, mas o Palmeiras ganhou de 5 x 1. Quando faltavam três minutos para o jogo acabar, pedi ao juiz para sair e falei para o Charuto: "Vai sair comigo também?". Ele continuou no jogo. Eu estava com vergonha, a torcida me vaiando. No dia seguinte, sabe o que o jornal *Gazeta Esportiva* escreveu? Que eu tinha desrespeitado o público, não falaram nada sobre o Charuto me perseguindo o jogo todo.

Jair entre Mauro e Formiga, em 1961, quando jogava pelo Santos

Manda quem pode

O técnico naquele tempo não mandava nada. Quem ganhou o Rio-São Paulo para o Palmeiras, em 1951, fui eu, 4 x 1 na final contra o Vasco, no Maracanã.

O time concentrava nas Paineiras, eu ficava em Madureira, não concentrava. Cheguei no hotel, o Hotel Serrador, no Rio, e mudei o Palmeiras. O Vasco tinha um timaço. Falei: "Vocês querem responsabilidade? Eu assumo, mas precisam trocar fulano e sicrano. Se não trocarem, não assumo responsabilidade nenhuma".

No vestiário, antes de enfrentar o Vasco, chamei o Valdemar Fiúme e falei: "O que é que você tem?". Ele disse: "Não posso nem pisar". E era verdade. Cheguei para o médico e disse: "Como é que você dá condições a um homem que está pela metade?". Nós tínhamos que marcar o Ipojucan, o Ademir e o Maneca; não era mole. Em seguida, decidi: "Entra o Túlio". Ele estava no canto e eu disse: "Você vai jogar, o Valdemar desse jeito eu não aceito no time". O Fiúme continuou sempre meu amigo.

Zizinho, nos anos 50,
com a camisa do Bangu

ZIZINHO

"Zizinho era o protótipo do jogador que juntava a inteligência e a técnica a uma garra e uma coragem quase suicidas. [...] Para a torcida do Flamengo, tudo em Zizinho era perfeito: a categoria, a alma, o caráter, o jeito de ser."
Ruy Castro

Em 1956, excursionando com a Seleção Brasileira, em Buenos Aires, para disputar a Taça do Atlântico

A MAS GRANDE COMPAÑIA DE COLOR
QUE APLAUDIO EL MUNDO ENTERO
BRASILIANA
MIECIO ASKANASY Presenta
RITMOS
DANZAS
Y
CANCIONES
DEL
BRASIL
3
UNICAS
SEMANAS
TEATRO
horas
MARTES 10
CBD
BRASIL

THOMAZ SOARES DA SILVA nasceu em 14 de setembro de 1921, em São Gonçalo, Rio de Janeiro. Considerado um dos maiores jogadores brasileiros de todos os tempos, começou a carreira em 1939, no Flamengo, onde conquistou o tricampeonato carioca em 1942, 43 e 44. Teve passagens gloriosas por Bangu e São Paulo. Pela Seleção, disputou 54 partidas, marcou 33 gols e conquistou o Sul-Americano de 1949. Em 1950, Mestre Ziza, que por muitos anos vestiu a camisa 10 da Seleção, foi eleito o melhor jogador da Copa. Para se ter uma ideia da sua importância, Pelé afirmou que costumava ser apenas um pálido reflexo do espelho que Zizinho foi para ele. Morreu em Niterói, no dia 8 de fevereiro de 2002, aos 80 anos.

No dia 3 de outubro de 1943, o Flamento bateu o Vasco por 6 x 2, e conquistou um de seus bicampeonatos cariocas. Da esquerda para a direita: Jurandir, Domingos da Guia, Perácio, Newton, Jaime, Modesto Bria, Pirillo, Zizinho, Biguá, Vevé e Jacy

Fralda e chuteira

Para dizer há quanto tempo jogo futebol, teria que me lembrar do dia em que nasci, porque nasci na sede de um clube de futebol. Meu pai era presidente do Carioca, um time de São Gonçalo, então sempre vivi no meio de bolas e chuteiras. Isso nunca foi estranho para mim. A primeira coisa que vi, dentro de casa, foi justamente uma bola.

Joguei muita bola na rua, e onde eu morava havia muitos campos. Não é como agora que o garoto tem que jogar na praia ou entrar numa escolinha de futebol. Perto de casa, tinha o campo do Carioca, do Neves, do Flamenguinho, do Capela, do Coruja e do América.

O prazer do passe

Nunca dei muito valor ao gol, sabe? O meu prazer sempre foi dar o último passe; o companheiro metia a bola pra dentro e corria pra abraçar a gente, agradecer. Hoje, o cara sai correndo na direção da torcida, não entendo isso. Botar a bola pra dentro é só um detalhe, devia agradecer ao amigo que deu o passe. O público não tem nada com isso.

Em 1957, Zizinho conquistou o Campeonato Paulista pelo São Paulo. Na equipe, participou de 66 jogos (40 vitórias, 14 empates, 12 derrotas) e marcou 27 gols

O drible como arte

Quando comecei, jogávamos no 4-2-4, que era terrível. Sempre fui da opinião de que esse esquema é formado por quatro na frente, quatro atrás e dois leões no meio, que levam a bola de uma área a outra. Eu jogava no meio. Dessa forma, eu tinha que driblar para ganhar vantagem na frente. E eu sempre tentava driblar, não importava quem fosse.

O drible que eu mais gostava era meter a bola entre as pernas dos adversários, que depois iam me dar pontapés. Antigamente não havia obstrução. Driblávamos o cara e ele entrava entre você e a bola. Então tínhamos que driblar mesmo, tirar da frente. Se saísse para um dos lados, o jogador entrava no meio e recuperava a bola.

Em 1951, participei de uma excursão à Europa. Fui apresentado a um italiano que, diziam, era o melhor jogador do continente. Criaram uma onda de duelo entre a gente. Um jogador importante na Europa: na primeira jogada um dos dois, ou eu ou ele, vai estar acabado, foi o que pensei. Logo no início da partida, recebi a bola, fui pra cima e passei pelo meio das pernas dele. O italiano ficou maluco e começou a querer me dar pontapé. Eu dizia: "*boxer*?". Não sabia nada

Nunca dei muito valor ao gol, sabe? O meu prazer sempre foi dar o último passe; o companheiro metia a bola pra dentro e corria pra abraçar a gente, agradecer.

da língua dele, mas aquela palavra tinha certeza que entenderia. Ele continuou de cara feia, e aí a coisa ficou fácil: não sabia onde eu ia meter a bola, então fechava as pernas e eu passava pelo lado. Se abrisse, metia novamente no vão das pernas.

Cheguei a ficar com pena.

Leônidas da Silva, o "Diamante negro", conversa com torcedores na Copa da França, em 1938

No lugar de Leônidas

No primeiro treino que fiz no Flamengo, entrei no lugar de ninguém menos que Leônidas. Lembro que estava sentado no gramado e o Leônidas saiu. O técnico, o Flávio Costa, perguntou assim: "Quem é o garoto de Niterói que joga na meia-direita?". Eu levantei e falei: "Sou eu". Então deu a ordem para que eu entrasse no lugar do Leônidas. Não fiquei assustado, sinceramente. Entrei em campo, fiz um bom treino e marquei dois gols.

Quando o treino acabou, o Flávio Costa perguntou: "Você é profissional?". "Não, sou amador, jogo em Niterói." "Quer fazer um contrato profissional?" Então me levou à sede do clube e fez o meu contrato. Estávamos em 1939.

Marcação de mãe

Eu não gostava de perder. Depois dos jogos, ia sempre para casa. Ficava sozinho, examinava tudo o que tinha feito em campo, os erros, o que podia melhorar. Os lances corriam na minha cabeça feito um videoteipe. Minha mãe fazia questão que eu fosse para casa depois dos jogos. Ela dizia: "Quero ver você depois da partida, depois pode sumir". Ela trabalhava como enfermeira, tirava muito plantão, a gente não se via sempre. No Flamengo, eu também vivia muito concentrado. Por isso, de vez em quando ela me deixava um bilhete: "Me espera hoje, preciso conversar com o senhor". Aí eu ficava em casa, batíamos um bom papo. Mas aos domingos não tinha conversa. Domingo era sagrado, tinha que jantar em casa, ela queria me ver depois das partidas; ver se eu estava inteiro.

Antes do confronto Bangu e Vasco, em 1953, Zizinho e Ademir Menezes posam, no Maracanã, ao lado das Elegantes de Bangu, candidatas de um concurso de beleza do jornal *O Globo*

Mestre Ziza

No Flamengo nunca me senti ídolo. Joguei quase onze anos no clube e saí de um jeito esquisito, nem sabia que ia sair, que estava sendo negociado. Não me sentia ídolo mesmo, não, sinceramente. Nessa época, o Flamengo tinha um ídolo, o Domingos da Guia. Quando comecei, eram o Domingos e o Leônidas, depois passou a ser só o Domingos. Depois, chegou um momento em que passei a dividir as atenções com ele.

Só me senti ídolo mesmo quando fui para o Bangu. Quando entrava no Maracanã lotado, a sensação era de que havia uma torcida que era minha, não do jogo. Aí me senti ídolo mesmo, no Bangu; fora isso, não. Havia uma imprensa que criticava muito, sempre me comparavam com o melhor jogador do outro time, todos os domingos tinha que matar um leão. Não podia jogar de forma apenas regular, tinha que ser sempre o melhor.

Eu, com setenta quilos, perdia quatro e meio por partida. Hoje, acho que tem gente que chega até a engordar em campo.

Meia-armador

Fui o primeiro meia-armador do Brasil. Em 1942, o Flamengo adotou o 4-2-4, foi ali que surgiu o jogador de meio-campo, o jogador que armava o time. Antes o esquema era o WM, com três homens na frente, três atrás e duas linhas de dois atletas no meio. Jogavam com quatro no meio-campo, mas diferente de como se faz hoje.

Ontem e hoje

É muito comum ouvir que os jogadores de antigamente não teriam lugar no futebol atual. Não dou muita bola porque não gosto de conversar com quem não sabe nada de futebol. Hoje, jogam no máximo 35 minutos. A bola sai do goleiro, vai para um lateral, e você pode dar as costas, pedir um cafezinho no meio-campo, tomar o café, voltar, devolver a xícara e a bola ainda não vai ter chegado.

No meu tempo, o goleiro pegava a bola, dava um chute para a frente, o jogador tinha que ir correndo, de costas, disputar o rebote da bola. Era um desgaste de 90 minutos. A primeira coisa que eu pensava era em dar um passe longo, botar um companheiro na cara do gol. E não podia errar passes, já que a obrigação de recuperar a bola era sempre dos dois homens de meio, não era recomendável sair muito e deixar espaço senão abria demais atrás. Era preciso usar a cabeça o jogo todo. Eu, com setenta quilos, perdia quatro quilos e meio por partida. Hoje, acho que tem gente que chega até a engordar em campo.

Na Copa América de 1957, disputada no Peru, o capitão Zizinho troca flâmulas com o jogador equatoriano. Resultado: Brasil 7 x 1 Equador

Pesadelo

Depois da final da Copa de 50, contra o Uruguai, fui para casa. Para mim, era como se o jogo não tivesse acontecido. Não conseguia dormir. Quando pegava no sono, tinha pesadelos. Acordava num desespero danado. Havia quatro meses que estava no Bangu e ainda não tinha aparecido por lá, por causa da Seleção e da Copa, mas mesmo assim o Seu Nascimento me deu quinze dias de férias: "Você correu muito nesse campeonato mundial". Devolvi: "Seu Nascimento, não quero descansar, não, o que preciso é voltar a jogar, caso contrário vou ficar maluco". Me apresentei ao Bangu e aquele negócio todo acabou.

Nosso time não era superior ao do Uruguai. Isso é uma mentira. Acho nosso futebol o melhor do mundo, mas somos muito desorganizados.

Zizinho no Maracanã, 1958

BRASIL

“É Zizinho e basta:
ponham-no, em campo,
mesmo de maca,
e ele decidirá o destino
das batalhas.”
Nelson Rodrigues

Formiga, Zizinho e
Djalma Santos, 1957

ADEMIR MENEZES

Em cerimônia de recepção à Seleção Brasileira, campeã do 1º Torneio Pan-Americano de Futebol, em Santiago, no Chile. Getúlio Vargas entrega taça a Ademir Menezes, no Maracanã, 1952

ADEMIR MARQUES DE MENEZES nasceu em Recife, no dia 8 de novembro de 1922. Iniciou a carreira no Sport Club Recife, em 1937. Contratado pelo Vasco, foi o primeiro jogador brasileiro a exigir luvas em uma transferência de clube. Com 301 gols, o Queixada tornou-se o maior artilheiro da história do Vasco pré-Roberto Dinamite. Ademir foi o artilheiro da Copa de 50, com nove gols em seis jogos. Com o Vasco, conquistou o Campeonato Carioca em 1945, 49, 50 e 52. Em 1946, o técnico do Fluminense, Gentil Cardoso, exigiu que o clube o contratasse. Ademir levou o tricolor ao título carioca daquele ano. No início de 1948, retornou ao Vasco e em 1956 encerrou a carreira no Sport. Trabalhou como comentarista de futebol da extinta Rádio Mauá e do jornal *O Dia*. Morreu em 11 de maio de 1996, aos 73 anos, no Rio de Janeiro.

Coisa séria

Comecei a jogar no Recife, minha terra natal, na Praia do Pina. Profissionalmente, meu primeiro clube foi o Sport. Em seguida fui para o Vasco da Gama, depois Fluminense e de novo para o Vasco, onde encerrei a carreira. Falar de futebol, para mim, é coisa séria, principalmente porque fui muito feliz e conquistei um certo nome na história do esporte.

Companheiros

Vim para o Rio de Janeiro para jogar no Vasco. Aprendi muito com vários técnicos, Flávio Costa, Ondino Vieira, Gentil Cardoso. A minha posição, centroavante, costuma ser difícil, porque há sempre a responsabilidade de marcar gols. Inúmeros jogadores me ajudaram, porque para fazer um gol dependemos sempre da equipe. Eu tive companheiros que jamais vou esquecer. No Vasco havia o Maneca, o Ipojucan e o Friaça, todos bons amigos. Na Seleção, havia um jogador extraordinário, o Zizinho (o Mestre Ziza), do Flamengo e depois do São Paulo. Teve também, o Jair Rosa Pinto; o Chico, ponta-esquerda do Vasco. Todos eles jogadores que me ajudaram a fazer muitos gols.

Ao lado, Ademir, Djalma e Pinga, em foto do início dos anos 50

Acima, Djalma e Ademir Menezes. Muito antes do doutor Sócrates, Ademir cursou medicina e tentou conciliar o futebol e os estudos

O apelido era, naturalmente, por causa dessa saliência que trago no queixo. A razão da salienciazinha deve ter sido os cascudos que levava do meu pai.

O time do Vasco campeão em 1952. Da esquerda para a direita: Friaça, Ademir Menezes, Ipojucan, Maneca e Jansen

Espírito de equipe

Eu era muito veloz e chutava com as duas pernas. Quando o Zizinho, o Jair Rosa Pinto ou o próprio Friaça me lançavam, eu chegava ao gol do adversário com certa facilidade. Tinha um bom preparo físico e na hora de dar o pique não encontrava dificuldade. Tudo isso dentro de um espírito de equipe. Sozinho não conseguiria nada.

Beques

O Bigode era beque e costumava dar uns carrinhos muito perigosos. O Pavão chutava a gente por trás. Com o tempo, aprendi a escapar dos pontapés. Beque extraordinário era o Domingos da Guia: ele não corria, ele andava em campo. Ele sempre me marcava, primeiro quando ele jogava no Flamengo, depois pelo Corinthians. Era uma marcação dura, foi realmente um dos maiores zagueiros do futebol brasileiro.

Ademir contra a Suécia, na Copa de 50. Nessa partida, o atacante marcou quatro vezes. Acabou como o artilheiro da competição

"Deem-me o Ademir e eu lhes darei o campeonato"

O autor da frase foi o Gentil Cardoso. Meu contrato estava para terminar no Vasco, fui para o Fluminense e acabamos campeões no Carioca daquele ano, 1946, vencendo a final contra o Botafogo.

Guerra de nervos

Heleno de Freitas foi um grande jogador, mas muito nervoso. Era boa pinta, elegante, branco, alto, advogado. Ele jogou ao lado de grandes nomes. Em campo, com a bola rolando, eu ficava aborrecido porque ele xingava muito. Por causa de complicações decorrentes da sífilis, acabou ficando louco.

Queixada

O apelido era, naturalmente, por causa dessa saliência que trago no queixo. A razão da salienciazinha deve ter sido os cascudos que levava do meu pai.

Heleno de Freitas em 1951

Uma grande alegria da Copa de 50 foi o jogo contra a Espanha, com a torcida cantando "Touradas em Madri", do Braguinha. Goleamos uma das maiores equipes que já enfrentei na vida.

Tourada no Maraca

Uma grande alegria da Copa de 50 foi o jogo contra a Espanha, com a torcida cantando "Touradas em Madri", do Braguinha. Goleamos uma das maiores equipes que já enfrentei na vida. Eles ficaram aborrecidos com a goleada, a cantoria da torcida, sei lá. No fim do jogo, não aceitaram o nosso cumprimento. Foi muito triste para eles: o Maracanã inteiro ecoando a marchinha – "pá-rá-rá-tim-bum-bum-bum" –, enquanto nós comemorávamos. Até hoje eles guardam uma mágoa terrível daquela vitória do Brasil.

Inexplicável

Aquela derrota na final contra o Uruguai, em 50, foi muito triste. Nós, jogadores brasileiros, entusiasmados, não soubemos ganhar a partida. Mas não jogamos mal. Nossa Seleção era boa, tinha condições de ser campeã. Infelizmente, enfrentamos um adversário perigoso, que até hoje nos complica. Os uruguaios têm um futebol idêntico ao nosso, mas na hora da decisão, eles criam vontade, mais coragem, mais... às vezes, nem sei explicar.

Peso do silêncio

Quando o Uruguai empatou, o Maracanã ficou em silêncio. Mas quando eles fizeram 2 x 1, a torcida emudeceu completamente. Aquele silêncio pesou sobre mim. Queria ficar parado. Só o Zizinho e o Augusto reagiram. Todo o time sentiu aquele silêncio.

Brasil 4 x 0 México
O jogo foi no Maracanã, no dia 24 de junho de 1950. Os gols do Brasil foram marcados por Baltazar, Jair Rosa Pinto e Ademir Menezes, que balançou a rede duas vezes. Ademir foi o artilheiro dessa Copa, com nove gols – maior marca de um brasileiro na mesma Copa, recorde que segue até hoje.

Chave de ouro

Guardo da Copa de 50 uma lembrança importante: fui eu quem marcou, em jogo oficial, o primeiro gol da história do Maracanã. Foi no jogo de estreia, Brasil x México.

Botafogo 2 x 1 Vasco. Campeonato carioca de 1955. Ademir teve duas passagens pelo time cruzmaltino: entre 1942 e 1945 e de 1948 a 1956

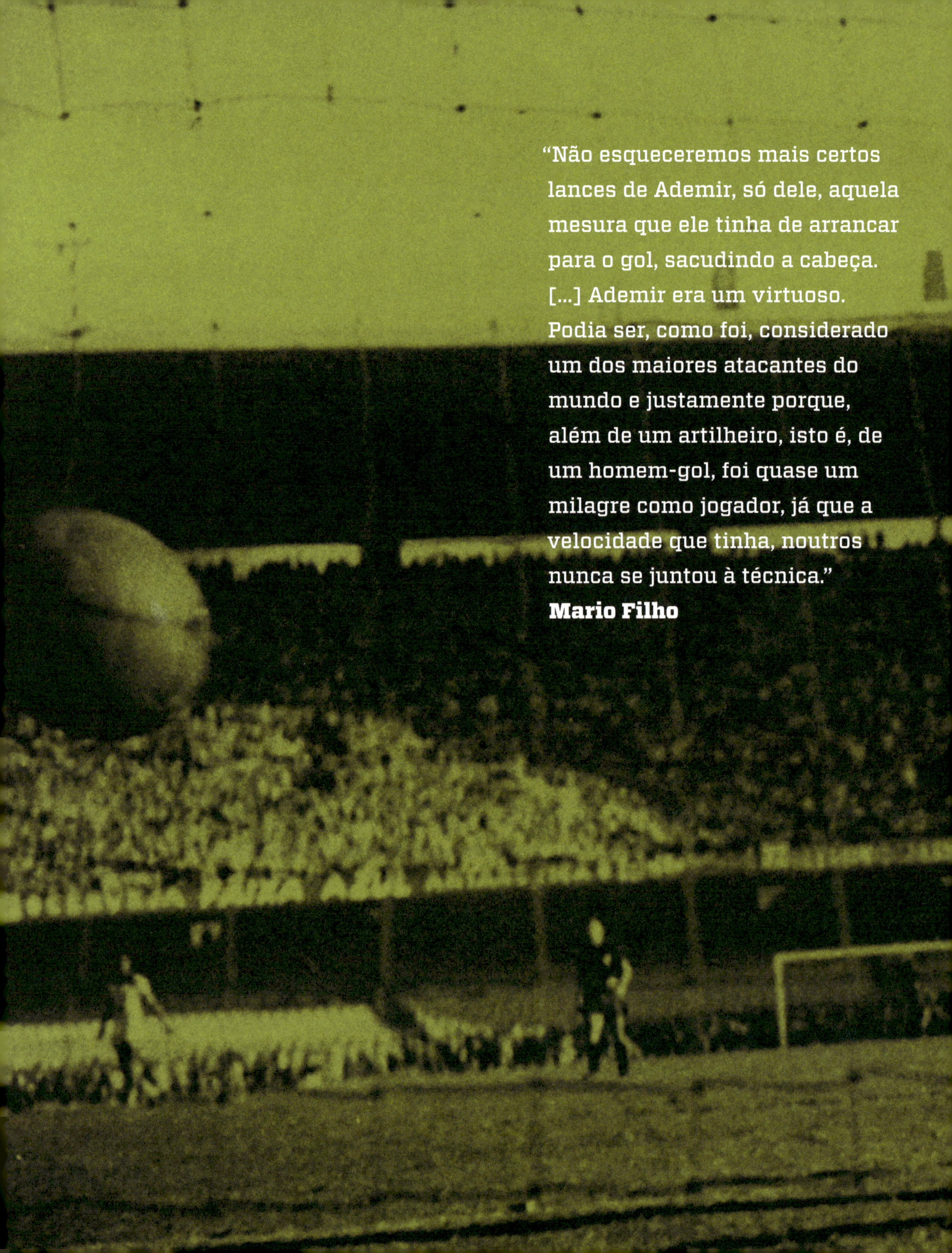

"Não esqueceremos mais certos lances de Ademir, só dele, aquela mesura que ele tinha de arrancar para o gol, sacudindo a cabeça. [...] Ademir era um virtuoso. Podia ser, como foi, considerado um dos maiores atacantes do mundo e justamente porque, além de um artilheiro, isto é, de um homem-gol, foi quase um milagre como jogador, já que a velocidade que tinha, noutros nunca se juntou à técnica."

Mario Filho

Em 24 de junho de 1950, a estreia da Seleção na Copa, contra o México. Ademir marca o primeiro gol brasileiro na vitória por 4 x 0

Djalma Santos, 1964

DJALMA SANTOS

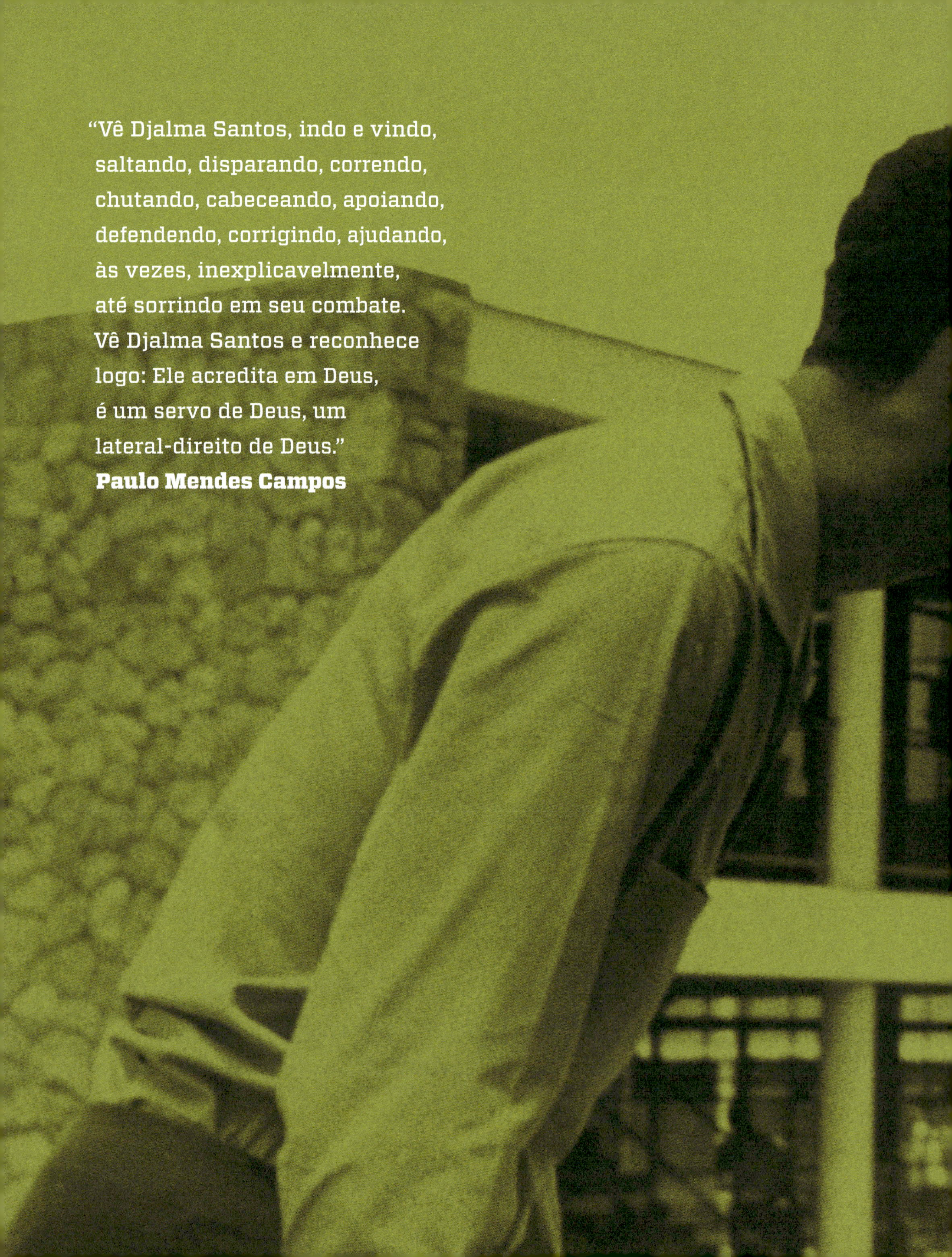

"Vê Djalma Santos, indo e vindo,
saltando, disparando, correndo,
chutando, cabeceando, apoiando,
defendendo, corrigindo, ajudando,
às vezes, inexplicavelmente,
até sorrindo em seu combate.
Vê Djalma Santos e reconhece
logo: Ele acredita em Deus,
é um servo de Deus, um
lateral-direito de Deus."

Paulo Mendes Campos

Djalma fotografa o goleiro Gilmar – e antecipa a era dos jogadores com câmeras a tiracolo –, em 1958

DEJALMA DOS SANTOS nasceu em São Paulo, no dia 27 de fevereiro de 1929. Entre 1948 e 1958, jogou na Portuguesa. Defendeu o Palmeiras, entre 1959 e 1967. Encerrou a carreira no Atlético Paranaense, em 1972. Pela Seleção, disputou as Copas de 54, 58, 62 e 66, sagrando-se bicampeão do mundo. Em 1958, foi reserva durante toda a competição, entrou apenas no jogo final, contra a Suécia, e foi considerado o melhor lateral-direito do torneio. Jogando pelo Palmeiras, conquistou a Taça Brasil de 1960 e 1967, o torneio Roberto Gomes Pedrosa de 1967 (atual Campeonato Brasileiro), o Campeonato Paulista de 1959, 63 e 66, e o torneio Rio-São Paulo de 1965. Hoje, mora em Uberaba, Minas Gerais.

Aviação interrompida

Meu nome é Dejalma dos Santos. O negócio de Djalma Santos é porque fica mais fácil e rápido de falar. Além disso, quando fui convocado para a Seleção pela primeira vez, havia o Nilton Santos, então simplificaram para Djalma Santos e Nilton Santos.

Nasci em 27 de fevereiro de 1929, na cidade de São Paulo, no bairro da Luz, na rua Prates. Sou casado com Mercedes de Campos dos Santos, que me deu uma filharada. Em termos de estudos, fiz apenas o primário. Depois, comecei a estudar para entrar na aviação, mas não cheguei a me formar por causa de um acidente na fábrica de calçados onde trabalhava. Uma máquina prensou minha mão, me limitou os movimentos. Por isso, fui impedido de continuar na aviação. Tinha 17 anos.

Nasce um lateral

Desde 1945, eu jogava num time do bairro da Parada Inglesa, em São Paulo, o Parada Inglesa Internacional. Alguns anos depois, em 1948, apareceu um senhor, ex-jogador da Portuguesa de Desportos, que me levou para treinar no clube, onde viria a me firmar.

Djalma Santos foi craque na Portuguesa entre 1948 e 1958, e no Palmeiras de 1959 a 1967. No alto, em 1964, defende as cores alviverdes; na foto menor, posando com o uniforme da Lusa

No início atuava como zagueiro-central. Quando o diretor da Portuguesa nos visitou, disse que precisava de dois jogadores, um para o meio-campo, outro para o ataque. Nessa época eu ainda era amador. Então, o Barros, nosso treinador, foi até onde estava a garotada e falou: "Leva o Djalma e o Hugo". Eu treinava como zagueiro. Quando cheguei na Portuguesa me puseram no meio, mas como queria jogar de qualquer maneira, aceitei.

Virei profissional e foi tudo muito rápido. Ainda em 1948 comecei a jogar no time principal, me acertei, dei sorte. Luisinho era o lateral-direito, jogávamos eu e o Hélio Leite no meio, além dos irmãos Piglia. Veio então a contratação do Brandãozinho, um dos jogadores mais caros que atuaram na Portuguesa Santista. Ele veio para a Portuguesa de Desportos, para jogar na posição dele, que era o meio-campo, exatamente onde eu jogava.

O treinador veio até mim e pediu que eu jogasse de lateral-direito. Também não reclamei. Graças a Deus funcionou e fiz minha carreira como lateral-direito.

Djalma com seus três mantos: em 1957, a camisa da Lusa; 1958, Seleção Brasileira; e 1966, quando foi campeão paulista pelo Palmeiras

Mãozinha

Na hora de bater os laterais, como a minha mão já não dobrava mais, por causa do acidente, era fácil arremessar a bola longe. De certa forma, foi bom. Machuquei a mão, ela estava meio boba, mas o bom é que pegava a bola e colocava onde queria.

Chapéu nos Matarazzo

Minha mãe havia morrido. Ficamos só eu e minha irmã, que trabalhava nas Indústrias Matarazzo. Quando fui a Santos jogar minha primeira partida contra o time da casa, usava dois chapeuzinhos. A gente pegava aquele trem da Cantareira que soltava muitas fagulhas. Os chapéus ficaram cheios de buraquinhos. Naquele dia, os outros jogadores da Portuguesa fizeram uma rifa dos meus chapéus; com ela, ganhei um dinheiro que não conseguiria em um mês de trabalho, e ainda peguei os chapéus de volta.

Esse jogo contra o Santos foi minha estreia na equipe profissional, na época ainda jogava no meio. A pedido do treinador, marquei o Antoninho, um dos melhores jogadores do time deles. Perdemos o jogo, mas minha atuação agradou e continuei na Portuguesa.

Após o episódio da rifa, conversei com minha irmã e pedi para ela deixar o trabalho na Matarazzo. Expliquei que precisava me alimentar melhor e caso ela continuasse a trabalhar, como é que eu faria para almoçar e jantar? Ela ficou meio sem graça, mas consegui convencê-la de que com o que eu ganharia no futebol daria para a gente viver.

O Nascimento me chamou e perguntou se eu havia saído na véspera. Respondi que sim, que era dia livre, e ele perguntou: "Você tomou alguma coisa?". Disse a ele que tinha tomado um vinho chileno, uma maravilha e que qualquer dia daqueles ele deveria experimentar também, pois era muito bom.

Djalma da Seleção

Fiquei dez anos na Portuguesa. Saí para jogar no Palmeiras no fim de 1958. Na Seleção, minha primeira convocação foi para o Pan-Americano de 1952, no Chile. Quem me chamou foi o técnico Zezé Moreira. Eu era reserva do Arati, lateral do Botafogo. Ele disputou a primeira partida e não foi muito bem. Eu entrei e joguei o resto do campeonato. Vencemos o Uruguai (a famosa desforra da derrota de 1950), na final batemos o Chile e enfim fomos campeões.

Em 1953, joguei o Sul-Americano no Peru; em 1954, a Copa da Suíça; em 1956, o Sul-Americano no Uruguai; em 1957, voltamos ao Peru e, no ano seguinte, fiz a Copa da Suécia. Joguei na Seleção durante 16 anos, de 1952 a 1968.

Conversa fiada

Em 1954, na Copa da Suíça, não tínhamos confiança nos nossos dirigentes. Eles ficavam longe da gente. Estávamos em Macolin, que ficava numa montanha cheia de árvores, e eles na cidade; só subiam na véspera dos jogos, e para conversar fiado.

Eu era titular. Perdemos para a Hungria, neste jogo fiz um gol de pênalti. O Didi era quem batia, mas na hora H ele não quis bater, então fui lá e fiz.

Brasil 2 x 4 Hungria
A partida, uma das quartas-de-final da Copa da Suíça, foi realizada em Berna, em 27 de junho de 1954. Com 42 faltas (um exagero para a época) e três expulsões, o jogo ficou marcado pela violência. Na saída para o vestiário houve confusão e brasileiros e húngaros se confrontaram. Os gols do Brasil foram marcados por Julinho e Djalma Santos. Os húngaros foram às redes com Hidegkuti, Kocsis (2) e Lantos. Com um ataque poderoso, a Hungria fez 27 gols em cinco jogos: a maior média de uma seleção em uma Copa.

Dirigentes

Em 1962, na Copa do Chile, estávamos em Viña del Mar, era dia de folga, e o Vavá e eu saímos, sentamos num desses bares de cadeiras na rua e resolvemos tomar um vinho. Ficamos ali, conversando, bebendo um pouco, coisinha de nada.

Nas imediações passavam alguns cronistas e jornalistas. No dia seguinte, um deles chegou para o nosso diretor, o Carlos Nascimento, e falou: "Olha, eu vi o Djalma tomando vinho ontem". Como estava mais ou menos perto, o Nascimento me chamou e perguntou se eu havia saído na véspera. Respondi que sim, que era dia livre, e ele perguntou: "Você tomou alguma coisa?". Disse a ele que tinha tomado um vinho chileno, uma maravilha e que qualquer dia daqueles ele deveria experimentar também, pois era muito bom. Voltando-se para o jornalista, Carlos Nascimento foi enfático: "Ele tomou vinho porque eu mandei". De quebra, ainda perguntou: "Você também não gosta de um vinho de vez em quando?".

Durante a Copa de 1966, Djalma avança pelo Palácio de Buckingham, na Inglaterra

Se não tivesse aquele dirigente, se ele dissesse alguma coisa como "depois falo com o Djalma", o jornalista teria publicado algo do tipo: "Djalma bêbado na concentração".

O Carlos Nascimento estava com a gente em 58 e 62. Antes de sairmos para disputar a Copa, em 58, jogamos contra o Corinthians, e o Ari Clemente deu uma pancada no joelho do Pelé, e o joelho ficou enorme. O Pelé corria o risco de ser cortado da Copa, mas o doutor Hilton Gosling, médico da Seleção, foi categórico: "O Pelé vai jogar". Deu o diagnóstico a Paulo Machado de Carvalho e disse: "Ele é garoto, dá para recuperar".

Nesse jogo contra o Corinthians, no qual o Ari Clemente machucou o Pelé, fomos vaiados assim que entramos no Pacaembu. Os torcedores queriam o Luisinho na Seleção. Ele logo que pegou a bola quis fazer uma firula. O Zito não teve dúvida: deu-lhe uma pancada. Nós ganhamos do Corinthians, fomos para a Suécia e o Pelé foi junto.

Em 1966, na Copa da Inglaterra, deixaram voltar toda a bagunça que havia antes da Copa de 58. Por quê? Porque o senhor João Havelange era candidato à presidência da FIFA. Então havia festas, mudaram o local da concentração – mudar de hotel significava voto para ele.

Já em 1962, no Chile, aconteceu o inverso. O Pelé se machucou no jogo contra a Iugoslávia e o doutor Hilton deu o diagnóstico: "O Pelé não joga mais esta Copa".

Na semana da final contra a Tchecoslováquia, o técnico Aymoré Moreira veio acompanhado do Pelé e mais 35 fotógrafos. Nessa hora, o Carlos Nascimento perguntou o que era aquilo, e disseram-lhe que o Pelé estava se preparando para fazer um teste para ver se podia jogar a final da Copa. "O Pelé não vai fazer teste algum", rechaçou o dirigente. "O médico já disse que ele está fora de jogo", acrescentou. É indiscutível que a conduta profissional dos dirigentes é muito importante. Em dirigentes como esse a gente confiava.

Em 1966, na Copa da Inglaterra, deixaram voltar toda a bagunça que havia antes da Copa de 58. Por quê? Porque o senhor João Havelange era candidato à presidência da FIFA. Então havia festas, mudaram o local da concentração – mudar de hotel significava voto para ele. Nós, os mais velhos, ficávamos meio assim, chateados. Os mais novos diziam: "Ah, Djalma, deixa pra lá, nós vamos ganhar isso aqui, agora é festa". Resultado: perdemos em 66 por falta de estrutura e direção. Eu nem era para ser convocado, estava com 37 anos e nesse período já vinha pintando o Carlos Alberto. Mas acabamos indo eu e o Fidélis.

Na fase preparatória para o Mundial de 66 convocaram 44 jogadores e esse foi o início de toda a balbúrdia. Muita desconfiança no ar, um mal-estar tremendo, quem vai, quem não vai. Dos três jogos que a Seleção fez, joguei dois, contra a Bulgária e Portugal. Ali o time já estava meio... O local de treinamentos era longe, viajávamos quarenta minutos, íamos até uma fábrica, logística que também significava votos para o senhor João Havelange. Tudo isso abalou o grupo. Faltou organização e disciplina.

Em 1966, o Mané já não estava muito bem, o Pelé também entrou baqueado contra Portugal. Em outros tempos, ele estaria fora daquela partida; mas entrou e foi caçado pelos portugueses – o Coluna deu umas pancadas bem fortes. Era uma Seleção que não acreditava nela mesma, não tinha a confiança, a garra e a união que tínhamos antes.

Brasil 2 x 0 Bulgária
A partida, que valia pela primeira fase da Copa da Inglaterra em 66, foi realizada em Liverpool. Os gols brasileiros foram marcados por Pelé e Garrincha. Essa foi a última vez que os dois atuaram juntos. Com os dois em campo, a Seleção nunca perdeu.

Brasil 1 x 3 Portugal
Jogo realizado no dia 19 de julho de 1966, em Liverpool. O gol brasileiro foi anotado por Rildo. Do lado português, Simões fez um e Eusébio, estrela da Copa de 66, marcou os outros dois. A derrota custou a eliminação brasileira.

Djalma Santos com uniforme da Seleção Paulista, em 1953

É conversando que a gente se entende

Na Copa de 58, costumávamos fazer reuniões e a maioria dos jogadores participava. A substituição do Mazzola teve a ver com a nossa a excursão pela Itália, pouco antes da Copa. Ele jogou uma partida e despertou o interesse de uma equipe italiana – de fato acabou sendo contratado – e quando começou a jogar na Copa não foi lá essas coisas. Logo na primeira partida, dissemos a ele: "Você já tem o seu contrato, deixa isso pra lá, tem o Vavá aí...". Logicamente ele não queria se expor, por isso conversamos com a comissão técnica.

Na mesma excursão pela Itália, o Garrincha saiu jogando contra a Fiorentina, fez lá uma graça, pegou a bola, driblou, driblou, driblou, parou e fez o gol. O Carlos Nascimento falou: "Nós vamos disputar uma Copa do Mundo e não podemos fazer palhaçada". Aí tiraram o Garrincha, e o Joel começou como titular da Seleção na Suécia.

Os principais jogadores que participavam das conversas eram o Didi, o Zito, o Nilton Santos, o Gilmar e eu. Sobre o Garrincha falamos que ele estava acabando com o jogo, que estava muito bem, que não voltaria a fazer o que fez na Itália – como de fato não repetiu aquela atitude – e que precisávamos falar com os dirigentes. Nos dois primeiros jogos, o Joel até que foi bem, mas o Garrincha era muito superior. Então quando o Garrincha entrou foi aquele estouro, foi um dos nossos melhores jogadores na Copa.

> O Dida era um bom jogador, mas dentro de campo ficava quieto, você falava com ele e o Dida abaixava a cabeça. O Pelé não. Quando jogavam Santos e Palmeiras, o Valdemar Carabina dizia: "Eu vou quebrar a perna desse crioulo". O Pelé respondia: "Se quebrar a minha, quebro as suas duas".

Gênio forte

O Dida, por sua vez, não estava desempenhando bem. Ele era um jogador mais quieto, e era preciso liderança. O Pelé era um garoto ainda, não havia despontado, mas nos treinos a gente via aquele dom que ele tinha, estava melhor que o Dida. O Crioulo já estava pronto para ir para o pau. Nos treinamentos, ele encarava os desafios quando brincávamos com ele: "Vamos dar uma pancada nesse moleque aí". Ele respondia: "Vem que eu dou também". Tinha uma índole forte, era de um jogador assim que a gente precisava.

O Dida era um bom jogador, mas dentro de campo ficava quieto, você falava com ele e o Dida abaixava a cabeça. O Pelé não. Quando jogavam Santos e Palmeiras, o Valdemar Carabina dizia: "Eu vou quebrar a perna desse crioulo". O Pelé respondia: "Se quebrar a minha, quebro as suas duas". Foi por isso que o Pelé entrou bem na Seleção.

"Moral violentíssima"

Em 1962, no Chile, antes de começar a Copa, estávamos na concentração eu, o Zito, o Didi e aí chegou o Aymoré Moreira, com aquele jeito dele, pondo a mão no ombro da gente: "É, vou começar com o Bellini, que disputou a outra Copa e está num bom momento". Comentamos: "Seu Aymoré, os dois estão bem, o Bellini e o Mauro. Mas o senhor é quem sabe". Nesse momento veio passando o Mauro, e o Aymoré pôs as mãos nas costas dele, para avisar que ia começar com o Bellini. O Mauro explodiu. Ficou realmente bravo. Então o Aymoré veio na nossa direção e mudou o tom: "Olha, eu vou entrar com o Mauro, ele está com uma moral violentíssima". A gente ficou olhando, em silêncio. Para nós, aquele era um problema do técnico. O Bellini não chiou porque o grupo era muito unido. Ficou um pouco ressentido, claro, mas coisa pequena. Mas o Mauro jogou bem, tecnicamente era um grande jogador, ótimo zagueiro. Em 62, assim como em 58, tínhamos essa amizade, essa união, conversávamos e ajudávamos a comissão a escalar a equipe.

Djalma, Garrincha e sanduíche de Pelé: festa em 1958

Brasil 2 x 1 Espanha
Partida realizada no dia 6 de junho de 1962, em Viña del Mar, Chile. Com Pelé fora (se machucou no jogo anterior, contra a Tchecoslováquia), entrou Amarildo, que não se intimidou com a responsabilidade: fez os dois gols brasileiros, garantindo a vitória. O gol espanhol foi marcado por Abelardo.

Brasil 0 x 0 Tchecoslováquia
O jogo aconteceu em Viña del Mar, dia 2 de junho de 1962. Na decisão do Mundial, o Brasil reencontrou a Tchecoslováquia, "aquela equipe com a camisa do São Cristóvão", segundo Garrincha. O Brasil venceu por 3 x 1, sagrando-se bicampeão.

Até gol impossível

O grupo tinha confiança no Amarildo, que era o reserva imediato do Pelé. Tanto era bom jogador que entrou e arrebentou. Fez até gol impossível, aquele que chutou da linha de fundo, sem ângulo, contra a Espanha. O Nilton Santos e o Didi, que jogavam com ele no Botafogo, tinham total confiança e sabiam que daria conta do recado.

O Garrincha também era companheiro do Amarildo no Botafogo, mas o Mané não era de ficar conversando sobre futebol. O treinador quando falava dele só dizia: "Basta jogar a bola para o Garrincha que ele sabe o que fazer".

O desempenho da Seleção na Copa de 62 foi muito bom. Culminou com a taça, mas teve alguns tropeçozinhos, sim. Na partida contra a Tchecoslováquia, na primeira fase, só empatamos. Veio também a contusão do Pelé, o que abalou um pouco o grupo, mas não a ponto da gente se entregar. Contra a Espanha, jogo que vencemos por 2 x 1, houve aquela encenação do Nilton Santos – foi pênalti, não foi, deu um passo para trás, não deu –, mas no fim o Brasil ganhou. Isso é que era fundamental para o grupo.

Líderes

Em matéria de liderança, Didi, Zito e Bellini eram uma barbaridade. Hoje não temos líder, o último dentro de uma seleção foi o Dunga. O Émerson estava despontando como o maior líder do Brasil para a Copa de 2002, mas se machucou e não jogou.

Líderes são muito importantes. Em 1962, jogávamos contra a Espanha e perdíamos de 1 x 0. A Espanha tinha uma seleção muito boa. Virou o primeiro tempo, o técnico Aymoré falou, cobrou e dentro de campo a gente se reuniu e conversou: "O homem falou, mas nós temos que ganhar esse jogo de qualquer jeito. Se não der daquele jeito vamos ter que partir para o pau porque nós temos que ganhar, quem perder está fora". Foi neste jogo que o Nilton Santos deu aquele passo à frente e o árbitro marcou falta e não pênalti.

O Didi queria se vingar dos espanhóis. Dizem que quando esteve no Real Madrid, o Puskas e o Di Stefano o boicotaram. A primeira bola que o Didi pegou, quis fazer uma graça; eu, Zito e Bellini caímos de pau em cima dele. "Nós viemos aqui para ganhar!"

O Didi queria se vingar dos espanhóis. Dizem que quando esteve no Real Madrid, o Puskas e o Di Stefano o boicotaram. A primeira bola que o Didi pegou, quis fazer uma graça; eu, Zito e Bellini caímos de pau em cima dele. "Nós viemos aqui para ganhar!"

Depois da vitória, no vestiário, comemoramos. "Está vendo, foi feita a vingança, eles vão embora e nós continuamos". De que adiantaria o Didi ser o melhor homem em campo e sermos desclassificados? O mérito seria de uma pessoa só? Acontece que o pessoal era unido, não tinha aquele negócio de um virar a cara para o outro. Ganhamos da Espanha por 2 x 1 e eles foram eliminados. Na Copa de 1998, o Dunga foi falar com o Bebeto, o Bebeto achou ruim, ficou mal, parecia um não me toque.

Em 1961, quando jogava no Palmeiras

Noventa minutos para a glória

O De Sordi jogou todas as partidas da Copa de 58, menos a final contra a Suécia, porque se machucou. Veja como são as coisas numa seleção com bons dirigentes como o Paulo Machado de Carvalho e o Carlos Nascimento: na véspera da final, vieram me falar que eu iria jogar, que o De Sordi tinha se machucado. Fui procurar o De Sordi, pois seria a última partida, a da fotografia, a final da Copa do Mundo. E ele me fez ver que estava mesmo contundido, o próprio médico havia dado o diagnóstico.

Passei toda a Copa preparado para entrar. Éramos uma equipe muito unida. Os jogadores que participavam das partidas iam assistir aos treinos dos reservas no dia seguinte, saíamos juntos. Se eu não estivesse bem preparado, o Brasil poderia perder, poderiam comentar: "Ah, foi por causa do Djalma Santos, jogou mal e não sei o quê!". Mas eu joguei aquela partida muito bem – até me puseram na seleção dos melhores daquela Copa.

Foram jornalistas do mundo inteiro que escolheram a seleção do Mundial, até fiquei meio cismado. Mas acredito que por ser a última partida, todos os jornalistas estavam mesmo assistindo àquele jogo. Durante a Copa, um assistia um jogo lá, outro assistia outra partida aqui. Na final, todos estavam vendo o mesmo jogo. Então me viram e disseram: "Esse aí é que é o melhor". Mas ainda acho que eram todos meus amigos.

Brasil 5 x 2 Suécia
A partida foi disputada em Estocolmo, no dia 29 de junho de 1958. Liedholm e Simonsson marcaram para os donos da casa. Os gols do Brasil foram de Vavá (2), Pelé (2) e Zagallo.

Em 1963, joguei em Wembley vestindo a camisa da seleção da FIFA. Para mim foi um orgulho muito grande ser considerado o melhor lateral-direito do mundo. Nós, brasileiros, esquecemos rapidamente das coisas, mas na Europa é diferente. Quando joguei na Itália, em qualquer lugar que ia era aquela festa. O brasileiro não, aqui se vive mais do presente. Mas guardo comigo essas coisas, tenho meus álbuns, as fotografias, guardo com muita satisfação.

Fui convocado para a Copa de 62 como titular. Se tivesse jogado mal a final contra a Suécia, em 58, acredito que nem seria convocado, àquela altura já estava com 33 anos. Acho que argumentariam: "O Djalma fez aquele papelão em 1958 e vai jogar em 62? Não vamos nem convocar". Mas deu tudo certo, joguei bem aquela final e fui convocado em 62.

Por isso eu digo que o Brasil perdeu para a França, na final da Copa de 98, por conta daquela confusão do Ronaldo. Joga, não joga, joga, não joga. O treinador precisava ter jogadores aptos para jogar aquela partida, para jogar no dia seguinte, se fosse o caso. Achei errado tanta indecisão. O Brasil perdeu para si mesmo.

Brasil 0 x 3 França
O jogo foi realizado em Saint-Denis, no dia 12 de julho de 1998. Comandada por Zinedine Zidane (que marcou dois gols; o outro foi anotado por Petit), a França conquistou seu primeiro título.

"No Palmeiras não aceitam crioulos"

Cheguei no Palmeiras no final de 1958. Saí da Portuguesa porque o clube precisava de dinheiro e aí me venderam. A Portuguesa é um clube de que gosto até hoje, mesmo tendo caído para a segunda divisão. O Corinthians e o Fluminense também quiseram me levar, mas aí surgiu o Palmeiras.

Optei pelo Parque Antártica porque o Osvaldo Brandão, que tinha sido meu treinador na Portuguesa, e o Julinho, que tinha jogado comigo, estavam no Palmeiras. Recebi um monte de telegramas e telefonemas dizendo que o Palmeiras não aceitava crioulo no time. "Você é crioulo e vai para o Palmeiras?", perguntavam, espantados. É verdade que não havia crioulos no Palmeiras. Mas eu digo que muitas vezes é a própria pessoa que faz o preconceito. Se vou na sua casa, chego lá e faço uma bagunça violenta, você não vai mais me convidar. Eu poderia dizer que nunca mais fui convidado pelo motivo de ser crioulo. Não seria verdade. Se eu chegasse no Palmeiras fazendo mil e uma, não ficaria lá os dez anos e dois meses que fiquei. Até hoje entro e saio do Palestra a hora que quiser, fiz com que me aceitassem. Por isso, digo e repito que preconceito é a pessoa que faz.

Ao lado, com a camisa do Verdão. Entre os anos 1959 e 1969, Djalma Santos realizou 498 jogos (295 vitórias, 105 empates e 98 derrotas) pelo Palmeiras

Depois do fim

Saí do Palmeiras com 41 anos. Certa vez, um dirigente do Atlético Paranaense me perguntou: "Djalma, se você ficar velho e não quiser parar de jogar, quer jogar no meu time?". Era o Atlético Paranaense e o dirigente era o João Cabral e Silva, um dos pioneiros do clube. Eu disse que sim. Um dia, anos depois, ele me procurou e lembrou da promessa. Combinei que jogaria apenas três meses, mas fiquei três anos e meio. Até título ganhei por lá. Com quarenta e tantos anos, em 1971, fui campeão estadual (estava bem acompanhado no time campeão, com Bellini, Dorval e Gil) e no ano seguinte encerrei a carreira.

Descobrindo a América

No Atlético, fiquei um tempo na condição de jogador e treinador. Mais tarde, só treinador. Encerrei minha carreira de jogador em 1972. Saí do Paraná e em 1973 me transferi para a Bolívia, para treinar o Bolívar, de La Paz.

No Atlético Paranaense, onde encerrou a carreira, em 1972

Nossa equipe não tinha recursos, o futebol boliviano estava engatinhando. Certa vez, fomos fazer um amistoso numa cidade longe, numa cordilheira, e tivemos de pegar um ônibus. Não chegava nunca. Quando chegou, era um negócio cheio de animais, tudo de horroroso que se pode imaginar. Fazia muito frio no altiplano. Fiquei uma temporada lá. Depois, me perguntei: "O que é que estou fazendo aqui?". Então fui para o Peru.

Fiquei um ano e quatro meses treinando o Sports Boys, de Calhau, uma cidadezinha perto de Lima. Lá, tínhamos um timezinho bom, peguei uma garotada boa. Trabalhamos, trabalhamos e conseguimos chegar em terceiro no campeonato, um feito, pois o Sports estava acostumado sempre às últimas posições. Para o ano seguinte, os dirigentes queriam o título, mas venderam a garotada. Disse a eles que desse jeito não dava para ganhar nada, e eles responderam que se não estivesse satisfeito arrumariam outro treinador. Fui embora.

No Brasil, treinei o Paulista de Jundiaí, o Mogi das Cruzes, o Vitória da Bahia; mais tarde fui para a Arábia Saudita treinar jovens jogadores. Fiquei quatro anos e meio por lá. Quando voltei ao Brasil, o Chinesinho, ex-jogador que estava na Itália, me convidou para treinar jovens naquele país, então fiquei por lá outros quatro anos e meio. Em seguida, minha mulher deu um basta: "Chega de viajar, vamos ficar em casa". Então encerrei.

O Brasil perdeu para a França, na final da Copa de 98, por conta daquela confusão do Ronaldo. Joga, não joga, joga, não joga. O treinador precisava ter jogadores aptos para aquela partida, para jogar no dia seguinte, se fosse o caso. Achei errado tanta indecisão. O Brasil perdeu para si mesmo.

Professor

Em Uberaba, faço um trabalho com a garotada há dez anos. Na época, o secretário de esportes, Marcos Montes Cordeiro, me chamou e perguntou se eu queria fazer na cidade o que tinha feito na Itália. Expliquei como era a estrutura italiana e perguntei: "Dá para fazer parecido?". Responderam que era possível. Reclamei que os campos eram de terra e eles disseram que, devagarinho, gramariam os campos. Disse a eles que se as metas fossem cumpridas poderiam contar comigo.

Fizeram tudo direitinho, campos gramados e cercados, contrataram professores de educação física, a maioria ex-jogadores de futebol. Eles seguem minhas orientações sobre como lidar com os meninos. É um trabalho difícil. Havia um, o Sussu, que era um anjo. Foi treinar no Atlético daqui, e o que me dizem é que quando põe a camisa do clube vira uma fera terrível. Acho que falta orientação.

Oitenta por cento dos meninos que trabalham comigo são de classe baixa, são pobres, a maioria dos pais é separada, aquela coisa toda. Então a gente tem que dar carinho, disciplina, tanto dentro quanto fora de campo. Na parte dos estudos também, a gente procura ver como eles estão se saindo na escola, se ajudam as professoras, os diretores.

A cada dois meses fazemos um torneio no estádio municipal, o Uberabão. Chamamos os pais, fazemos rifas de troféus, sorteios de cestas básicas, bicicletas, bolas. Tudo com o intuito de congregar e tirar esses meninos da rua. Temos na cidade doze campos de futebol e oito quadras de futebol de salão, para atender 2.300 meninos.

No caso do futebol, você pega uma bola e diverte 22 meninos, ao passo que em outro esporte – o tênis, por exemplo – você não pode fazer isso. O tênis é ótimo, mas o moleque tem que ter uma raquete, uma bolinha. No futebol, você dá uma única bola, põe onze de cada lado e eles se divertem uma barbaridade. Claro que também temos a parte física, a parte disciplinar, todo mundo tem horário dentro do projeto.

Djalma, no clique de Diego Rousseaux

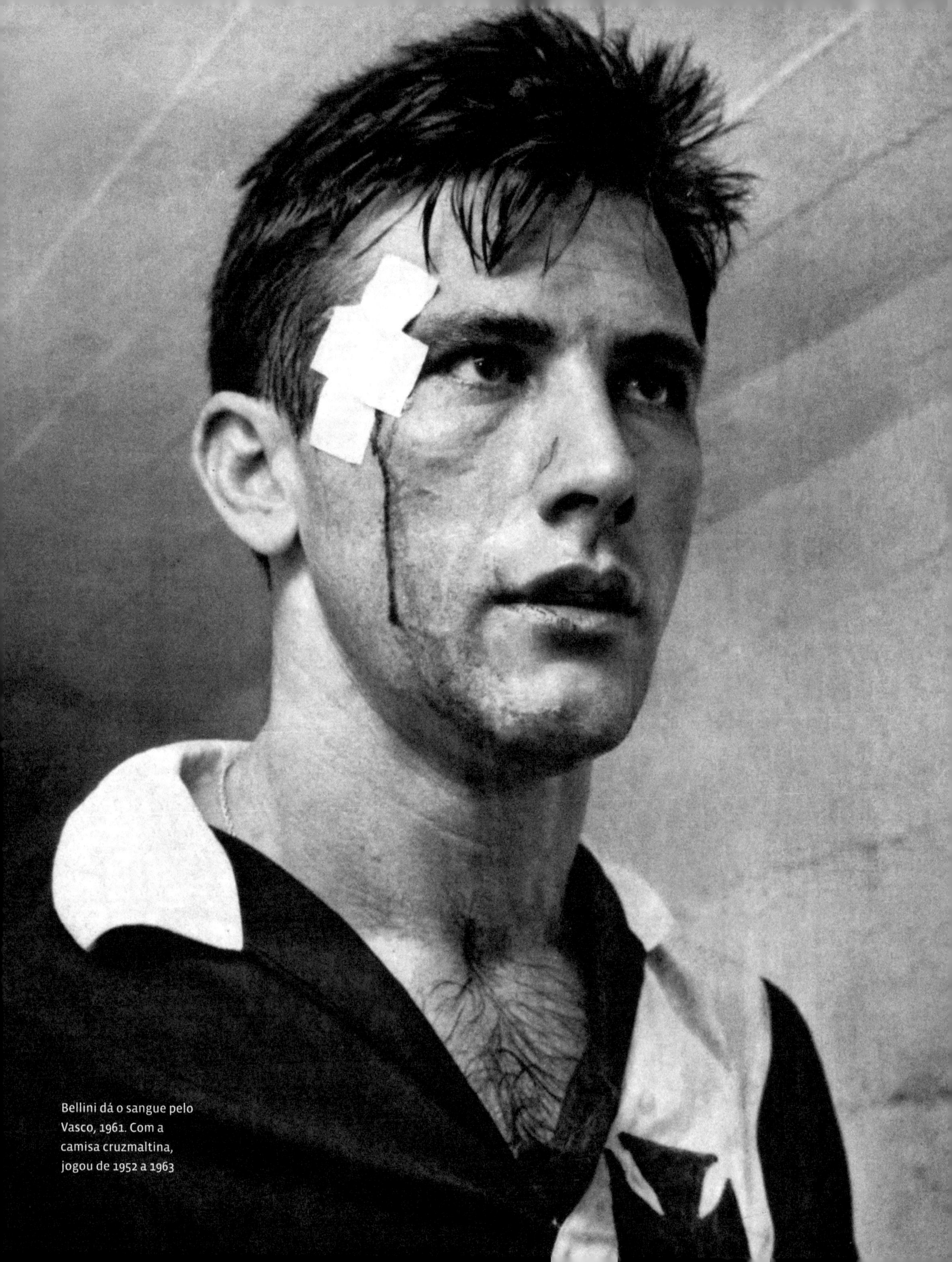

Bellini dá o sangue pelo Vasco, 1961. Com a camisa cruzmaltina, jogou de 1952 a 1963

BELLINI

“Por momentos, o clube de São Januário chegou a dar a impressão de melhor entrosamento, de mais perfeita coordenação. Bellini, na zaga, tinha qualquer coisa de sólido, de maciço, de inexpugnável como uma bastilha.”
Nelson Rodrigues

Na Sede Náutica do Vasco, 1960, Bellini entre as cunhadas do jogador Vavá e, mais à frente, as modelos Sônia Brasil e Maria Alice Ferraz

HILDERALDO LUIZ BELLINI nasceu em 7 de junho de 1930 na cidade paulista de Itapira. Seu gesto de erguer a Taça Jules Rimet, após a conquista da Copa do Mundo de 1958, entrou para a história. Dono de um estilo sóbrio de jogar, iniciou como amador em 1947 e, entre 1949 e 1951, atuou pelo Sanjoanense, de São João da Boa Vista, São Paulo. Foi contratado pelo Vasco da Gama, onde conquistou o Campeonato Carioca de 1952, 56 e 58. Jogando pela Seleção, levou o Brasil ao título nas Copas de 58 e 62. Após o Mundial de 1962, Bellini deixou o Vasco e transferiu-se para o São Paulo, permanecendo até 1968, quando foi para o Atlético Paranaense, onde encerrou a carreira.

O homem na Lua

Como amador, defendi o clube da minha cidade, Itapira, interior de São Paulo. Em São João da Boa Vista, interior também, foram três anos na segunda divisão. Daí fui para o Vasco, fiquei dez anos lá. Depois, joguei no São Paulo e Atlético Paranaense. Meu último jogo como profissional foi no mesmo dia em que o homem pisou na Lua, em 1969.

Caminho para a zaga

Em Itapira, a gente jogava na rua, já que passavam poucos carros. Montávamos dois gols, um de cada lado, no chão, e jogávamos com bola de meia. Eu roubava meias da minha mãe, das minhas irmãs. Sempre joguei na zaga, mesmo nas peladas de rua, e sempre gostei de cabecear, saltava bem. As pessoas mais velhas elogiavam meu cabeceio, a forma de golpear a bola de olhos abertos. Desde o início, fui empurrado para jogar na defesa, principalmente pelo aspecto físico e também porque não tinha tanta habilidade técnica. No começo, no time amador da cidade, me escalaram na intermediária, só que numa função mais defensiva do que de apoiador. Eu jogava praticamente como um quarto-zagueiro.

Em 1966, na Copa da Inglaterra, Bellini cumprimenta o capitão do time búlgaro. O Brasil venceu a partida por 2 x 0, o que não evitaria a desclassificação ainda na primeira fase do torneio

Saí de Itapira aos 19 anos, em 1949, e fui jogar no Sanjoanense, um time da segunda divisão, onde me colocaram na lateral-direita. Nessa época já tinha um metro e oitenta. Joguei três anos em São João, disputamos algumas finais e subimos para a primeira divisão. Enfrentei o Palmeiras no campeonato de 1949, um time muito forte, e me saí bem marcando um jogador chamado Lima. Depois dessa partida, jogando na lateral, o Palmeiras se interessou por mim, mas não deu em nada. Continuei no interior por mais um ano até que surgiu o interesse do Vasco da Gama, que precisava de um substituto para o Augusto, já com 32 anos e também lateral. Fui para o Rio de Janeiro no início de 1952. O técnico era o Otto Glória, que saiu do Vasco logo depois que eu cheguei, para ir treinar o Benfica, de Portugal. O Vasco, então, trouxe de volta o Flávio Costa que, depois de olhar para o meu tipo físico e o meu estilo de jogar, falou: "Você vai jogar de zagueiro-central". E acabou me colocando na zaga; daí em diante toquei o barco, cheguei à Seleção e permaneci para sempre como zagueiro-central.

> “Seu Feola, aqui tem um que gosta de ser capitão, adora ser capitão”. Feola quis saber de quem se tratava, e o Nilton apontou para mim, e falou, brincando: “aqui, ó, o Bellini, ele adora ser capitão, paga para ser capitão”.

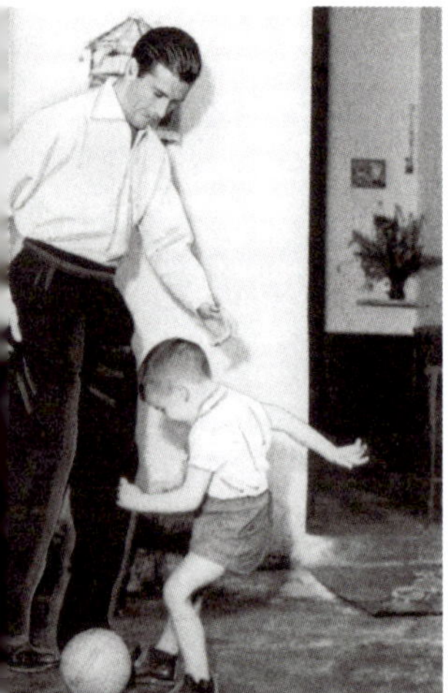

Zagueiro espetacular, Bellini não facilitava. No alto, com o sobrinho, e em 1965, pelo São Paulo, clube que defendeu de 1963 a 1968. Na página ao lado, entra em forma na concentração do Vasco

Nasce o capitão

Em 1956, o Flávio Costa me convocou para a Seleção, para os jogos contra Portugal e Tchecoslováquia, ocasião em que fiquei na reserva do Pinheiro, capitão na Copa da Suíça, em 54. No Vasco, o Flávio já tinha me dado a faixa de capitão porque eu sempre exigia muita luta: não admitia jogador parado em campo, jogador que ao errar uma bola, colocava a mão na cabeça e desanimava. Brigava com os companheiros, no bom sentido evidentemente, buscando sempre ganhar o jogo.

Quando fomos convocados para a Copa de 58, viajamos até Poços de Caldas para uma temporada de treinamento. Uma tarde, nosso técnico, o Vicente Feola, reuniu todos que eram capitães em seus clubes para decidir quem assumiria esta condição na Seleção.

Estavam lá, além de mim, o Didi, o Nilton Santos, possivelmente o Gilmar e o Castilho. “Vamos decidir hoje, entre os titulares, aquele que poderá ser o capitão”, disse o Feola. Começou a ouvir a opinião de todos, até que em dado momento o Nilton Santos, que já não gostava muito de ser capitão, pediu a palavra: “Seu Feola, aqui tem um que gosta de ser capitão, adora ser capitão”. Feola quis saber de quem se tratava, e o Nilton apontou para mim, e falou, brincando: “aqui, ó, o Bellini, ele adora ser capitão, paga para ser capitão”. “Bem”, disse Feola, “se todos concordarem, e se ele for titular, fica tudo certo?”

Assumi a responsabilidade, mas pensava comigo mesmo: Nilton Santos, Zito, Didi: eu capitão desse pessoal? Em 1958, houve uma mudança importante. O Paulo Machado de Carvalho introduziu uma série de novidades. Até então, o capitão era entendido como aquele que escolhia o lado do campo e nada mais. Com o Paulo Machado, o capitão passaria a levar as reivindicações do grupo aos dirigentes. Resolvi agir como sempre agi, mas no campo dividíamos a responsabilidade. Quando a Copa começou eu disse: “Com o pessoal aqui atrás, falo eu; na frente, o Zito é quem dá o recado”. A verdade é que foi uma tarefa fácil ser capitão de uma Seleção como aquela. Os veteranos achavam que seria a última chance de ganhar uma Copa. Foi realmente um grupo unido, responsável e decidido.

Quando a taça finalmente foi passada às minhas mãos, pensei: vou erguer esta taça para todo mundo ver, o mundo inteiro ver a nossa conquista, especialmente aqueles que não acreditavam no nosso futebol. Levantei para o lado, levantei com o braço direito, aí os fotógrafos lá em baixo, no meio do aglomerado, gritavam: "Vira para cá! Levanta mais!". Então, como já estava cansado, resolvi segurar o troféu com as duas mãos acima da cabeça.

Gesto imortalizado

Nós saímos do Brasil desacreditados. Os testes feitos não foram bons. Sabíamos que o time era forte, mas eu nunca havia participado de uma Copa, ainda por cima ela seria realizada na Europa. No decorrer da competição fomos encorpando, ganhando jogos, dando ainda mais moral ao grupo e, com o Garrincha arrebentando, o Pelé também, o time certinho, foi inevitável: chegamos ao título. Mas saímos daqui com muitas dúvidas.

Depois de o Brasil participar de todas as Copas desde 1930, chegou o momento de subir ao pódio, de receber a taça do presidente da FIFA. Eu estava muito emocionado, todos estavam, muitos chorando copiosamente. Mas eu me mantive ali, sem chorar, e pensei: "não vou chorar". Ao mesmo tempo passava muita coisa pela minha cabeça, meu pai tinha pressão alta, já tinha sofrido alguns derrames, naquela hora pensei: "o que será que está acontecendo no Brasil, com o meu pai, enfim, com o povo brasileiro?".

Quando a taça finalmente foi passada às minhas mãos, pensei: vou erguer esta taça para todo mundo ver, o mundo inteiro ver a nossa conquista, especialmente aqueles que não acreditavam no nosso futebol. Levantei para o lado, levantei com o braço direito, aí os fotógrafos lá em baixo, no meio do aglomerado, gritavam: "Vira para cá! Levanta mais!". Então, como já estava cansado, resolvi segurar o troféu com as duas mãos acima da cabeça.

Bellini foi o primeiro atleta do mundo a levantar a taça sobre a cabeça. Na Copa de 1958, fez com que o gesto entrasse para a história

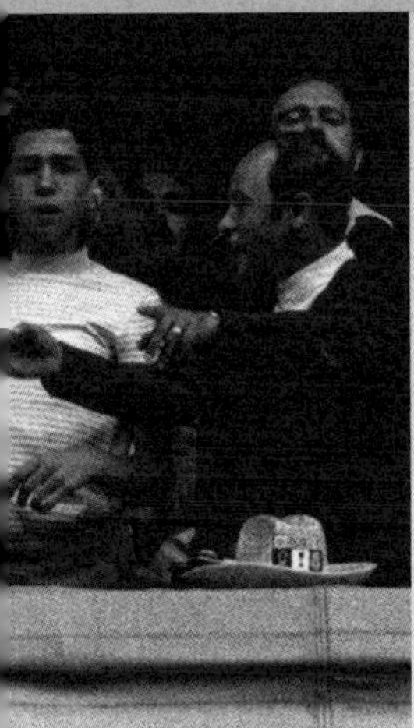

Mauro exibe o bicampeonato brasileiro, Chile, 1962; em 1970, no México, é a vez de Carlos Alberto Torres: a taça Jules Rimet fica definitivamente com o Brasil. Em 1994, nos Estados Unidos, o capitão Dunga no topo do mundo, e em 2002, Cafu sobe no último andar japonês para erguer o pentacampeonato verde-amarelo

Nilton Santos banca o tuaregue, 1958

NILTON SANTOS

Café da manhã com
Nilton Santos, 1958

NILTON REIS DOS SANTOS nasceu no dia 16 de maio de 1925, na Ilha do Governador, Rio de Janeiro. Exemplo de identificação com um clube, atuou no Botafogo por dezoito anos. Em 1998, foi eleito por jornalistas de todo o mundo o lateral-esquerdo do século. Nilton Santos, que ficou conhecido como "A enciclopédia" por conta de seu conhecimento futebolístico, disputou quatro Copas do Mundo (50, 54, 58 e 62) e conquistou os Mundiais de 1958, na Suécia, e 1962, no Chile. No alvinegro, as conquistas mais marcantes foram os estaduais de 1957, 1961 e 1962. É o recordista de jogos com a camisa do Botafogo, com 729 partidas. Hoje, vive no Rio de Janeiro.

Celeiro de craques

Meu nome é Nilton dos Santos, mas sou conhecido como Nilton Santos. Nasci no Rio de Janeiro, na Ilha do Governador, num lugarejo fantástico, Flexeiras. Mas com o prolongamento da pista do aeroporto do Galeão, atual Antônio Carlos Jobim, acabaram com Flexeiras. Lembro como o lugar era lindo, não tinha luz elétrica. Minha mãe e meu pai acendiam lampião ao anoitecer. A gente tomava a benção – "a benção, pai; a benção, mãe; Deus o abençoe, meu filho!". Havia um único colégio, o Alberto de Oliveira, onde fiz o primário e o ginásio. Depois, não tive como continuar os estudos.

Flexeiras era um celeiro de craques. Quem gostava de futebol se aperfeiçoava, ficava íntimo da bola porque era nossa única diversão. Saíamos do colégio, deixávamos as pastas de lado e pronto, íamos bater bola. Éramos o Feguinho, o Márcio Sampaio, eu e o Leonídio, pai do Brito, que foi tricampeão do mundo com a Seleção em 1970.

No time do major

Servi na Aeronáutica em 1945. A distância do quartel para a minha casa era de dois ou três quilômetros. Eu ia a pé. Havia um time muito bom na Escola de

Nilton Santos na concentração do Botafogo, 1960

Especialistas, mas só participavam sargentos e outros oficiais. Eu era o único soldado que jogava com eles e, por isso, tinha alguns privilégios. Os oficiais queriam saber da minha vida, da minha infância... Contava que meu pai era pescador e que, de vez em quando, precisava ajudá-lo. Na época, eu era meio-campista. O major Honório Magalhães era centroavante, goleador, jogava bem. Certa vez, ele me propôs o seguinte: a cada gol que fizesse com um passe meu, eu poderia ficar em casa e ajudar meu pai. Então, em algumas ocasiões, quando eu já estava quase dentro do gol, deixava ele completar e fazer dois, três gols numa partida.

Alçando voo

Esse time da Aeronáutica fazia muitos amistosos. No fim de 1947, fizemos um jogo-treino contra os titulares do São Cristóvão, no campo do clube, em Figueira de Melo. Ganhamos a partida e o Arquimedes, treinador do São Cristóvão, viu alguma coisa em mim: “vou ficar com aquele menino”. O major Honório me levou até o banheiro e me aconselhou a não me comprometer com o Arquimedes: “Se for para tentar um clube, que seja um clube grande”. Um tio do major, doutor Bento Ribeiro, era diretor social do Botafogo e amigo do presidente do clube, Seu Carlito Rocha. Então o major sugeriu que eu fosse até lá.

Jogar com a cabeça

Cheguei em General Severiano com a chuteirinha embrulhada num jornal e seu Carlito, presidente do Botafogo, sentado na varanda, perguntou logo de cara: “Você joga com a cabeça?”. Devolvi: “O que é jogar com a cabeça? Raciocinar, cabecear, é o quê?”. “As duas coisas”, ele respondeu. Disse que achava chato ficar falando de mim. Propus treinar e então eles poderiam tirar as conclusões. Treinei, agradei e fiquei lá por dezoito anos.

Do meio para trás

No time da Aeronáutica, eu jogava no meio-campo. Quando Seu Carlito me viu, perguntou minha altura: “Um metro e oitenta e um”, disse. “E joga em que posição?” “No ataque”, respondi. Ele foi categórico: “Não senhor, você é do meio para trás”. Como eu estava dando baixa da Aeronáutica, não podia escolher muito. Ele determinou e, graças a Deus, correu tudo bem. Aliás, Seu Carlito Rocha se tornou um grande amigo. Na época era muito diferente de hoje em dia, ele se considerava pai de todos nós.

“Você joga com a cabeça?” Devolvi: “O que é jogar com a cabeça? Raciocinar, cabecear, é o quê?”. “As duas coisas”, ele respondeu. Disse que achava chato ficar falando de mim. Propus treinar e então eles poderiam tirar as conclusões. Treinei, agradei e fiquei lá por dezoito anos.

Nilton joga com a cabeça: Flamengo e Botafogo no Maracanã lotado

A derrota na Copa de 1950 tem nome: Flávio Costa. Dizer que o time uruguaio era melhor que o nosso é bobagem.

Pé de coelho

Sou muito supersticioso. Superstição para mim é uma religião – se eu levantar com o pé esquerdo, por exemplo, não saio de casa, tenho medo de que algo aconteça. Por isso, tudo o que eu faço é respeitando minhas superstições: levanto com o pé direito, torço muito mais pelos números ímpares do que pelos pares. Sempre me dei bem. Fui 26 vezes campeão e todas as finais que disputei, saí vencedor. Eu podia até ser desclassificado antes, mas se chegasse à decisão, no dia seguinte estava comemorando.

Aspirante a titular

Entre 1948 – ano em que estreei como titular do Botafogo – e 1950, conquistei três títulos: o Carioca, o Sul-Americano e o Brasileiro. No Carioca, em 48, jogamos contra o São Cristóvão. Eu estava nos aspirantes e vencemos por 2 x 1. Na partida principal, em pleno General Severiano, os titulares perderam por 4 x 0. Com a derrota, houve uma mexida no time, e alguém que havia assistido àquele jogo preliminar me recomendou.

Na partida seguinte, contra o Canto do Rio, no Caio Martins, joguei entre os titulares, já na lateral-esquerda, e ganhamos. Daí em diante, embalamos e conquistamos o título. Fui o único jogador da equipe a ser campeão invicto.

Chuteira da discórdia

Eu estava entre os 22 jogadores convocados para a Seleção de 1950, mas preferia não ter sido convocado. Eu não gostava do treinador, o Flávio Costa. E não falo isso só porque ele já morreu, sempre repeti: ele não gostava de mim, eu não gostava dele.

Tenho bronca dele porque implicou com a minha chuteira: "Jogador de defesa em equipe que eu dirijo, seja time ou Seleção, não joga com essa chuteira de bico mole". Também tive minha parcela de culpa porque brinquei sem ter intimidade com ele. O Flávio Costa falou: "E na hora do bico?". Respondi que não tinha raiva da bola, por isso nunca chutava de bico, a bola sempre me obedecia. Uns caras que estavam ao lado começaram a rir, e dali pra frente ele nunca mais me botou para jogar. De mais a mais, quem tinha que saber o que era bom para mim era eu mesmo, pois quem chutava era eu, não ele.

Ele também não gostava que eu driblasse dentro da área. Eu dizia: "Seu Flávio, vamos supor que o senhor é meu adversário e está com a bola, vou com muito cuidado para não ser driblado. Agora, se estou com a bola, o senhor vai precisar ter o mesmo cuidado, senão eu meto embaixo das suas pernas". Queria dizer a ele que eu era um jogador responsável, só driblava dentro da área porque havia sido atacante, jogado no meio-campo e que, para tal, tinha de ter um bom domínio de bola e muita noção de espaço. E eu tinha.

A minha chuteira vinha de São Paulo. Seu Agostinho, dono da fábrica e já falecido, fazia meio ponto para mim, pois na época eu calçava 41 e meio. Quando a chuteira chegava, eu a entregava ao nosso roupeiro, o Aloísio Oliveira. Ele emprestava a chuteira a dois ou três jogadores que iam ao Botafogo fazer testes, depois me devolvia já amaciada.

"Eu não ia jogar nunca"

Como todo mundo sabe, joguei a vida toda na lateral-esquerda. O Flávio Costa, em 1950, me convocou para a reserva do Augusto, lateral-direito e capitão do time. Eu não ia jogar nunca. Tenho a impressão de que se o Augusto se machucasse ele botaria qualquer outro jogador no lugar. Já na lateral-esquerda da Seleção, o titular era o Bigode e o reserva, o Noronha, que jogava no São Paulo. Acho que ele só me chamou como justificativa, para não dizer que não chamou ninguém do Botafogo.

O nome da derrota é Flávio Costa

A derrota na Copa de 1950 tem nome: Flávio Costa. Dizer que o time uruguaio era melhor que o nosso é bobagem. Em 1952, ganhamos o Pan-Americano, e na competição batemos o mesmo Uruguai, e por 4 x 2. Eu estava lá e vi como era. Tínhamos liberdade para jogar, só que o técnico era o Zezé Moreira e não o Flávio Costa.

Ele era mandão, chegava na concentração e era aquele negócio: "O homem taí, o homem taí". Se ele fosse para o Botafogo, eu não ficaria o tempo que

Teve um jornal que, antes do jogo, saiu com a manchete: "Brasil, campeão do mundo". Dizem que o Obdulio, capitão do Uruguai, foi até a banca, comprou alguns exemplares e distribuiu para os companheiros. Aquilo mexeu com o brio dos caras, como se pensassem "não acreditam mais na gente".

fiquei no clube, porque ele era muito autoritário e eu achava (embora não falasse), como acho até hoje, que o técnico precisa mais do jogador do que o jogador do técnico. Eu, na condição de jogador de futebol, se não jogar aqui, jogo ali. A consagração do técnico só acontece quando o time ganha, e quem ganha sou eu e não ele.

Vitória antes da hora

A história da mudança do lugar da concentração na véspera do jogo contra o Uruguai é inacreditável. Nossa concentração era silenciosa, confortável, um negócio fantástico. O Zizinho, por exemplo, que gostava de dormir até mais tarde, dormia até a hora que queria, era tudo muito silencioso. Então, na véspera da final, fomos para São Januário, o alojamento do Vasco. Quem bancou a mudança foi o Flávio Costa, que já se considerava campeão. A imprensa também. Teve um jornal que, antes do jogo, saiu com a manchete: "Brasil, campeão do mundo". Dizem que o Obdulio, capitão do Uruguai, foi até a banca, comprou alguns exemplares e distribuiu para os companheiros. Aquilo mexeu com o brio dos caras, como se pensassem "não acreditam mais na gente". O Flávio Costa já estava cantando vitória. Se nós tivéssemos vencido a Copa de 50, talvez não conquistássemos as outras, porque os mesmos caras continuariam mandando. Tinha um lá, um dirigente, que ficava o tempo todo com uma bandeira brasileira debaixo do braço – até nos treinos –, dizendo: "beija aí, beija aí". Isso é patriotismo? Eu poderia beijar a bandeira e ser um moleque, um safado, um baguneiro. Beijar a bandeira para dizer que é mais brasileiro do que os outros?

Dança dos técnicos

Em 1952, o Zezé Moreira assumiu o comando da Seleção Brasileira. Ele havia sido meu treinador no Botafogo. Com o Zezé, ganhamos o Pan-Americano. A gente sempre se deu bem, gostava dele, além de ser um bom técnico tinha a vantagem de ter jogado futebol. Era disciplinador, mas trocava ideias, sabia acordar o jogador na hora certa, prestava atenção nos detalhes. Na Copa de 54, tenho a impressão de que o grupo se reuniu muito tarde. Individualmente, o time era bom, mas não houve tempo dos jogadores se entrosarem. A equipe não tinha conjunto, diferente da Seleção de 50. No jogo que perdemos de 4 x 2 para a Hungria, saiu a maior pancadaria, até os dirigentes e o Zezé Moreira brigaram. Eu fui expulso. Meu negócio foi com o Boszik, muito bom jogador. Ali teve início a mudança.

Grupo fechado

Em 1958, o doutor Paulo Machado de Carvalho, além de chefe – um bom chefe –, era muito supersticioso. As preleções dele terminavam sempre do mesmo jeito: "Viemos aqui para ganhar e vamos ganhar". Um negócio fantástico. Sentíamos a diferença. Diziam que o nosso técnico, o Feola, só dormia. Que nada, o Feola era de trocar ideias (o oposto do Flávio Costa) e não se achava o dono da verdade. Nosso preparador físico, o Paulo Amaral, era outro cara supercompetente.

Muitas vezes, a comissão técnica perguntava a nossa opinião sobre a escalação. Nunca falei que esse jogador era melhor do que aquele ou algo do tipo. Quando pediam palpite, respondia sempre assim: "Ah, de repente eles não estão habituados a jogar juntos". A dupla Didi-Zito, por exemplo, deu certo, já o Dino Sani não estava bem entrosado com o Didi. Porque eu também não ia gostar se dissessem: "Pô, tira o Nilton Santos que ele não está jogando nada". Cabia à comissão técnica decidir.

E eles sondavam. Procuravam saber, por exemplo, se eu era favorável à entrada do Garrincha no lugar do Joel. Intimamente, eu torcia pelo Garrincha, até porque treinava com ele a semana inteira. Era um sufoco. Teve um dia que ele ergueu a camisa toda molhada e disse: "Aí, compadre, olha como você me deixa". Ele queria dizer que perdia muito peso nos treinos quando era eu quem marcava ele. Eu respondia: "Dribla de longe que fica menos feio pra mim". Era

De cima para baixo, os técnicos Flávio Costa, Aymoré Moreira e Vicente Feola, sendo cumprimentado por Paulo Machado de Carvalho depois da vitória de 2 x 0 do Brasil sobre a União Soviética em 1958

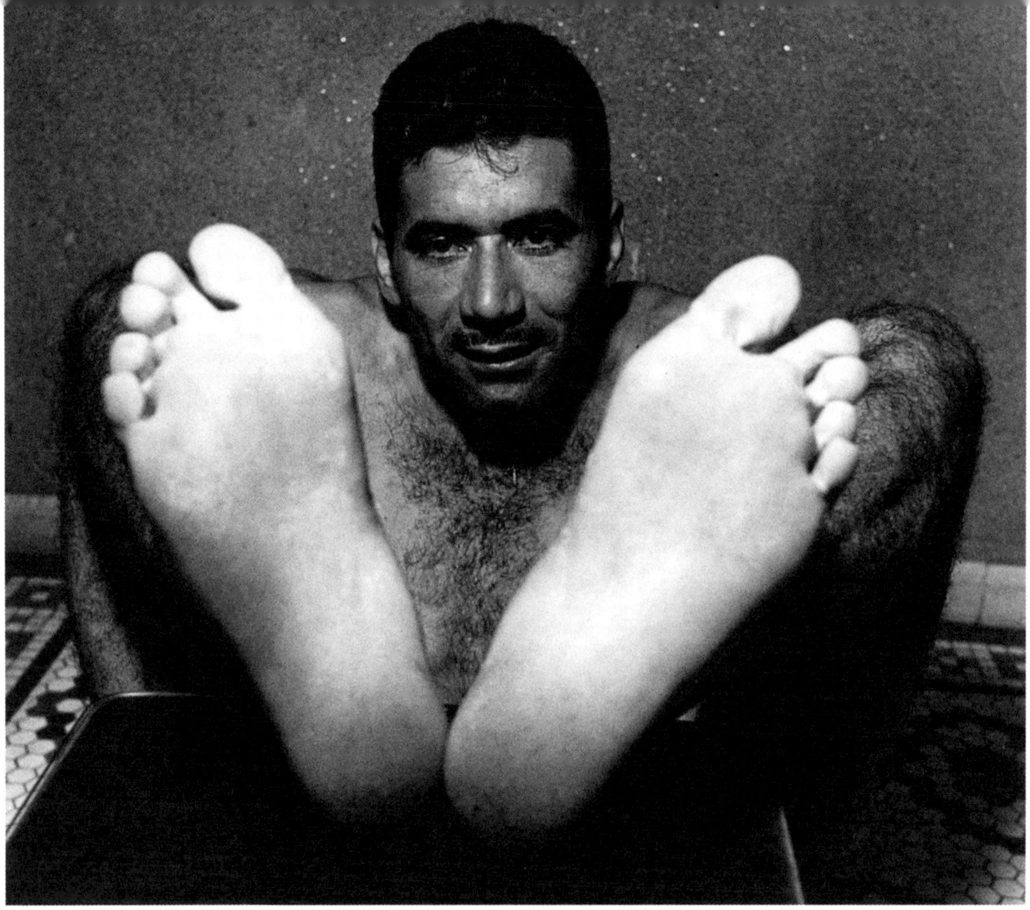

Nilton, "a enciclopédia do futebol", 1958

meu compadre, meu amigo, não podia dar pontapé nele. Ficava torcendo para que conseguisse lugar no time.

Nunca senti que houvesse mágoa ou rivalidade entre qualquer um de nós. Pelo contrário. E olha que na época não era possível substituir ninguém. Assinou a súmula, até logo: os outros já podiam ir para a arquibancada assistir porque não havia outra opção.

Éramos uma família.

Entortando a psicologia

O psicólogo da Seleção, doutor João Carvalhaes, fazia uma série de testes psicotécnicos com os jogadores. Eu ia na frente para depois passar as dicas ao Garrincha. Um dia, ele apresentou um papel com uma linha horizontal e outra vertical. A ideia era que, de olhos fechados e com o dedo, a gente seguisse a direção das linhas. Tinha gente que perdia a noção e saía da área do papel. Outro teste era desenhar um boneco e contar uma história sobre ele. Desenhei, fiz uma casinha e botei a palavra "bar" em cima. "O que esse boneco faz?", perguntou o doutor Carvalhaes. Eu disse: "É um infeliz que deve ter brigado com a mulher e já está indo pro bar beber". Ele gostou da minha história, mas eu não estava preocupado com aquilo, estava preocupado com o teste que o Garrincha ia fazer.

O psicólogo da Seleção fazia uma série de testes psicotécnicos com os jogadores. Eu ia na frente para depois passar as dicas ao Garrincha. [...] Cansei de falar que o Garrincha não devia fazer aqueles testes. Ele nasceu para jogar futebol, era a única coisa que sabia fazer na vida.

Quando saí, expliquei pro Garrincha: "Olha, vem uma linha deitada assim, outra em pé, você vai ficar lá e ele vai de repente fechar os seus olhos; você continua a linha, na mesma direção". Ele achava tudo fácil: "É comigo mesmo, compadre". Ele entrou e eu fiquei do lado de fora na maior expectativa. Depois de algum tempo, a porta se abre, ele sai de lá e passa por mim sorrindo. Pensei: "Bom, deve corrido tudo bem". Mas ele não parou, foi embora. Quando abri a porta, o doutor Carvalhaes estava com o teste dele e balançava a cabeça de um lado para o outro, negativamente. O Garrincha tinha desenhado um boneco desproporcional com uma cabeça enorme e o tronco e os membros pequenos. Quando o doutor perguntou para ele quem era aquele boneco, o Garrincha falou: "Parece o Quarentinha!". Era um jogador do Botafogo que tinha um cabeção enorme. Então o doutor me disse: "Nilton, olha, ele não tem condição de ser jogador".

Cansei de falar que o Garrincha não devia fazer aqueles testes. Foi para jogar futebol que ele nasceu e era a única coisa que sabia fazer na vida. Diziam que o doutor Carvalhaes não conhecia os jogadores e não levava em conta se o teste era aplicado num intelectual ou num ignorante. Em 58, quando demos a volta olímpica, o doutor Carvalhaes, correndo junto com a gente, gritava: "Nilton, o Garrincha é aquilo tudo que você falou e muito mais". Se o Garrincha tivesse ficado de fora da Copa, o doutor Carvalhaes ia se lamentar eternamente.

Garrincha e Nilton Santos, parceiros de Botafogo e Seleção. Juntos, conquistaram o bicampeonato mundial para o Brasil. Foto de 1959

O bicampeonato

Joguei todos os jogos da Copa de 62. Só outros três jogadores atingiram essa marca nas Copas de 58 e 62: Gilmar, Didi e Zagallo. A cada dia o ambiente melhorava, havia mais entendimento, mais respeito. Eu nunca senti nenhum de nós torcendo para alguém se machucar e poder entrar no time. Basta lembrar o caso do De Sordi, em 1958, que jogou todos os jogos menos a final contra a

Suécia. O Djalma Santos poderia ter relaxado nos treinamentos e no último jogo pisar na bola. Que nada, ele estava lá e torcendo muito por nós em todos os jogos. No fim, foi escolhido o melhor lateral-direito da competição.

Em 58, dormi muito pouco após a conquista da Copa. Eu acordava, dormia, acordava: "Não é sonho, a gente ganhou, somos campeões do mundo". O segundo título, em 62, foi um negócio fantástico. Eu com 38 anos e bicampeão mundial, foi uma despedida inesquecível. Tive o cuidado de dedicar o bicampeonato a quatro caras: Danilo, Zizinho, Jair Rosa Pinto e Barbosa. Eu me contentava com um título só, o bicampeonato eu queria oferecer a esses grandes jogadores.

A conquista da Copa de 58 deu mais estímulo às pessoas, mais vontade de trabalhar, mais disciplina. Foi um desabafo. Meu Deus do céu, um país sofrido ganhar uma Copa do Mundo era algo grandioso. Numa época, o governo de São Paulo torcia para o Corinthians porque fizeram uma pesquisa e observaram que o operário rendia mais quando o Corinthians vencia. As pessoas que saíam do Norte, do Nordeste, às vezes passavam fome; o Brasil perder no futebol é uma tristeza, mas quando a gente ganha é um consolo, um desabafo.

Rei

Eu já tinha ouvido falar do Pelé. Foi num jogo que a gente fez na Venezuela, contra o Racing. O treinador deles era um ex-jogador argentino, o Nestor Rossi, um centro-médio que jogava muito bem. Ele me chamou e disse: "Nilton, hay un negrito fenomenal en Brasil". Eu quis saber quem era e ele falou: "Pelé". Nestor ficou encantado com o Pelé.

Escalação em pedaços

Em 62, a confiança era muito grande. Foram poucas as alterações no time: saiu o Feola e entrou o Aymoré, mas o esquema tático permaneceu o mesmo (o Aymoré não ia chegar e dar uma de bonzão). Então um olhava para o outro e já se entendia.

A comissão técnica costumava se reunir e colar no quadro-negro a escalação do time. Não sei quem me falou que quando apresentaram a lista, antes da estreia, o Mauro, notando que não estava entre os titulares, rasgou o papel. Eu não presenciei. Mas dizem que aconteceu algo nesse sentido e o Mauro se

Maracanã, 1961. Nenhum jogador é mais identificado com o Botafogo do que Nilton Santos: o lateral-esquerdo nunca atuou por outro clube

impôs e ganhou a posição. O engraçado é que o Bellini, que disputava a posição, não ficou chateado com o Mauro. Todo mundo era muito maduro, uma família, ninguém ia brigar. O Bellini ficou um pouquinho ressentido, mas teve a fase dele, o Mauro também teve a dele, tudo bem, para nós foi legal à beça.

Passo de campeão

Só me convenci depois, quando assisti ao vídeo da partida. Por sorte, dei o tal passo à frente. Foi num contra-ataque da Espanha. Eu fiz pênalti no ponta-esquerda Collar, mas o juiz estava longe do lance. Então cinicamente levantei as mãos como um gesto de que não tinha feito nada e dei um passo à frente. Quando ele chegou, marcou falta onde eu estava. Naquela hora, valeu a presença de espírito, jogador de pelada tem esses recursos.

Os espanhóis reclamaram, mas não adiantou. O cara bateu achando que dali faria o gol do mesmo jeito – eles estavam ganhando de 1 x 0, marcaria o segundo e acabaria com a gente. O que passou pela minha cabeça é que se eu desse uns dois passos chamaria muito a atenção. Tive sorte também, porque se alguém do time espanhol pega a bola, sai correndo para a marca do pênalti

> Eu fiz pênalti no ponta-esquerda Collar, mas o juiz estava longe do lance. Então cinicamente levantei as mãos como um gesto de que não tinha feito nada e dei um passo à frente. Quando ele chegou, marcou falta onde eu estava. Naquela hora, valeu a presença de espírito, jogador de pelada tem esses recursos.

e bota lá, com certeza o juiz ia marcar. Mas não, ficaram discutindo não sei o quê, a bola ficou ali, e o juiz deu falta fora da área. Então, o Amarildo fez dois gols e nós viramos o jogo. Foi naquele lance que a gente começou a ganhar o bicampeonato.

Estrela solitária

Acho que entrei no futebol com o pé direito. Além do bicampeonato mundial, ganhei muitos outros títulos. Encerrei minha carreira de jogador de futebol em 1964. Só vesti a camisa de um clube: o Botafogo.

Enciclopédia ensina

Nunca quis ser técnico, mas ajudei no Bonsucesso, atendendo a um pedido de um dirigente ligado a uns amigos meus. Também trabalhei no Vitória da Bahia, dessa vez influenciado pela minha mulher que gosta demais da Bahia. Mas eu já era funcionário do Estado, fiquei três meses no Vitória – fiz uma boa campanha – e depois voltei.

O trabalho ao qual mais me dediquei depois que parei de jogar futebol foi o de ensinar a garotada. Comecei esse trabalho no subúrbio do Rio de Janeiro, com outros jogadores. Eu me sinto orgulhoso por ter salvo muitos meninos. Se nossos políticos prestassem mais atenção nisso... Não sou político, não entendo e não gosto de política, mas sei que a maioria não liga para a juventude. Por isso as penitenciárias estão cheias. Os dirigentes do país pensam em construir penitenciária e não em fazer um trabalho para evitar que o menino se torne um marginal. Há doze anos faço o mesmo trabalho no Distrito Federal, no está-

Em 1959, Nilton faz embaixadinha antes de começar o amistoso da Seleção contra a Inglaterra no Maracanã

Nilton Santos e Zózimo depois da batalha. Foto dos anos 50

dio Mané Garrincha. É um projeto do Governo. A gente tem duas turmas de garotos, uma de 10 a 15 anos, outra de 15 a 18, de terça a sexta-feira. Os meninos vão para lá, aprendem a conviver em grupo. Participam crianças de todas as classes sociais e eu me esforço para não demonstrar que dou mais atenção ao menino pobre – porque eu fui um menino de calça rasgada na bunda. Apesar da idade, não esqueci da minha infância.

O menino rico tem chance de, nos fins de semana, ir com o pai tomar banho de piscina, frequentar um clube; já o pobre não. Alguns meninos vêm de ônibus, outros de carro, eu tenho que dar atenção a todos eles, bato altos papos, me transformo.

A questão não é só jogar futebol, não, é disciplina. Se você não for um menino disciplinado, já não rende tanto. Vou doutrinando no papo. A coisa está indo maravilhosamente bem, eles sentam comigo, me chamam de companheiro.

Outra coisa que faço é lembrá-los de que nunca comprei uma bola na vida. Primeiro porque não podia; meu pai, pescador, vivia com dificuldade, e também porque os caras que formavam os times iam me pegar em casa para jogar. Então, eu brinco dizendo que quando a gente é bom as pessoas buscam em casa, e por isso nunca precisei comprar uma bola.

Minha vantagem sobre os outros laterais era ser ambidestro. A maioria é canhota, encontra alguma dificuldade para bater com a direita. Eu usava as duas pernas, saía jogando para onde estivesse virado

Trabalho com quatro professores de educação física. Além de Brasília, também realizo este trabalho em Tocantins, onde tenho um auxiliar que jogou no Fluminense, o Gilberto. Ele trata os meninos todos de campeão, quando o menino erra ele diz: "Ei, campeão, não é assim, vou fazer para você ver como é". Faço questão de que um dos dois professores de educação física tenha jogado futebol. Se o exercício é dominar no peito e devolver, aquele professor que não jogou futebol usa as mãos, joga no peito daquele que jogou futebol e, com isso, o menino passa a confiar muito mais. Imagina um menino malcriado dizendo: "Ah, você não sabe e quer me ensinar a jogar?". Não corro esse risco, por isso oriento os professores assim, porque o menino acreditando em você é bem melhor.

A lateral-esquerda

Minha vantagem sobre os outros laterais era ser ambidestro. A maioria é canhota, encontra alguma dificuldade para bater com a direita. Eu usava as duas pernas, saía jogando para onde estivesse virado; se estivesse voltado para dentro do campo, saía com a esquerda; se estivesse virado para o outro lado, saía com a direita. Nunca fiz gol contra. Veja o Roberto Carlos, que nem tem tanto tempo de Seleção assim e já fez gol contra. Por quê? Porque vai correndo para dentro da área, bate na perna ruim e entra.

Na minha posição, admirei alguns jogadores. O argentino Federico Vairo, por exemplo. Do Nestor Rossi eu tirava sarro, dizendo pra ele passar a mão na minha perna para aprender a jogar futebol. O Altair também foi um grande jogador; o Alfredo, que jogou no São Paulo e foi meu reserva em 1954, na Suíça. O Oreco também foi outro grande lateral-esquerdo. Houve muitos, a maioria, canhotos. Quando dizem que fui o maior do mundo, eu brinco: "Vocês vão acabar me convencendo de que fui bom".

Zito na Seleção, 1962

ZITO

CBD
BRASIL
CBD
BRASIL

Zito, em 1963, antes de amistoso contra a Inglaterra, com os amigos Djalma Santos e Pelé. Pela Seleção, onde estreou em 56, o volante brasileiro ajudou nas conquistas dos Mundiais de 58 e 62

JOSÉ ELY DE MIRANDA nasceu em Roseira, São Paulo, em 8 de agosto de 1932. Zito era extraordinário no desarme das jogadas e, por isso, é considerado um dos maiores meias do futebol mundial de todos os tempos. Jogou no Taubaté e vestiu a camisa do Santos durante 15 anos. Conquistou todos os títulos possíveis na carreira de um jogador brasileiro. Foi nove vezes campeão paulista, ganhou cinco Taças Brasil, quatro torneios Rio-São Paulo, além de ter vencido duas Libertadores da América (1962 e 63) e dois Mundiais Interclubes (1962 e 63). Todos pelo Santos. Na Seleção, estreou em 1955 e foi bicampeão do mundo nas Copas de 58 e 62. Abandonou o futebol em 1968.

Jogando de chupeta

Meu nome completo é José Ely de Miranda. Nasci em Roseira, no Vale do Paraíba, interior de São Paulo. Nesta cidade fiz o curso primário e o secundário. Em Taubaté, estudei até o terceiro colegial, concluindo o curso em Santos, em 1952.

Comecei a jogar futebol criança, de chupeta ainda, nas ruas de Roseira. Posteriormente, com idade de juvenil, joguei no time da cidade, em Roseira, e depois fui para o Taubaté, como profissional da segunda divisão paulista, em 1950.

Na época, atuava no meio, de volante, mas a posição era mais conhecida como *center-half*. Nessa etapa, jogava na frente dos quatro jogadores de trás, numa espécie de 4-2-4 não muito declarado. O meu papel era muito parecido com o do Didi, o de municiar o ataque, fazer as bolas chegarem à frente, além, é claro, da marcação.

Hermanos

Todos nós admirávamos o futebol argentino, porque, na época, era o melhor futebol da América. Eu, por exemplo, tive um ídolo que jogava na seleção argentina (depois cheguei até a conhecê-lo pessoalmente), o Nestor Rossi. Na década de 50, ele era o volante da seleção argentina e cheguei a jogar contra

Zito, o líder, comanda a entrada em campo do Santos, time em que atuou por quinze anos. Atrás dele, carregando a bandeira, da esquerda para a direita, Gilmar, Calvet, Lima e Mauro

ele. Mas o futebol argentino era muito diferente do nosso, como é até hoje. Você vê um time argentino jogar e vê um outro brasileiro, a diferença é nítida. Até 1957, eram eles que comandavam.

O líder

O respeito que conquistei no futebol se deveu, creio, ao profissionalismo e à seriedade com que conduzi meu trabalho. O meu lema era trabalhar sério, correr, não admitia ser derrotado e, pela minha personalidade, gostava muito de ajudar os colegas, ajudar aqueles com problemas familiares, financeiros etc. Era eu quem passava para a diretoria as reformas de contrato, tentava sempre ajudar o jogador. Por isso, alcancei respeito. Exigia empenho de todos, exigia bastante, eu mesmo corria muito. Corria muito e exigia; os outros jogadores viam o quanto eu corria e também davam a parte deles.

Jair era gênio

A vinda do Jair Rosa Pinto para o Santos, em 1956, arrumou o meio-campo do time. Isso existiu. Nós começamos uma série vitoriosa em 1955, quando tínhamos o argentino Negri jogando de meia-armador. Não sei por que cargas-d'água voltou para a Argentina, mesmo terminando o ano de 55 campeão pelo Santos.

Depois da saída do argentino, que jogava ao meu lado, ficamos sem um meia e, assim, surgiu a ideia de trazer o Jair. Fomos consultados e aceitamos correndo. Para mim, o Jair era o melhor meio-campo do país. Ele veio e consertou o setor. Ele era muito craque e foi campeão paulista em 1956 – o Santos se sagrou bicampeão, ainda sem o Pelé.

Entre eu e o Jair nunca houve conflito de autoridade, mesmo porque naquela época o capitão do time era o Ramiro, nem era eu ainda. Nunca houve esse problema de comando. A história de que ele, quando jogava no Palmeiras, no início da década de 1950, tirou jogadores do time e pôs os da preferência dele pode ter ocorrido lá entre eles. Aqui foi tranquilo, ele foi profissional, cumpriu tranquilamente o contrato, não houve problema.

A única semelhança entre o Jair e o Didi era a grande capacidade dos dois na hora dos lançamentos. O Jair tinha uma qualidade a mais, o chute. Ele tinha um chute muito poderoso. Como chutava! Além do que, os lançamentos do Jair eram perfeitos, às vezes deixavam a gente até com vergonha, quando colocava a bola na cara do gol e a gente perdia. Na minha ótica, foi um dos maiores jogadores de meio-campo de todos os tempos.

O maior

O Pelé foi um homem abençoado, um gênio do futebol. Chegou aqui em 1956, com dezessete anos. A maior estrela do Santos na época era o Vasconcelos, que jogava de ponta de lança. O Vasconcelos quebrou a perna em um jogo contra o São Paulo e o Santos tinha um treinador que gostava de lançar garotos na equipe principal. Foi ele quem lançou o Pelé.

O Pelé treinava com a gente desde que chegou, trazido pelo Waldemar de Brito. Nessa época, já tinha pinta de grande jogador. Acho difícil que surja outro jogador com o nível esportivo dele, nível de futebol mesmo. Poderão

Comparam o Pelé a jogadores como Di Stefano e Maradona. O primeiro, acompanhei de perto, era centroavante. O Pelé era ponta de lança e jogava mais pela esquerda. O Di Stefano foi um grande jogador, mas não dá para comparar. O mesmo acontece com o Maradona, outro grande jogador – para a Argentina ele foi sensacional, talvez o maior de todos os tempos –, mas comparar com o Pelé é simplesmente impossível.

aparecer outros jogadores talentosos, goleadores, mas chegar perto do que foi o Pelé, acho que vai ser muito difícil.

Comparam o Pelé a jogadores como Di Stefano e Maradona. O primeiro, acompanhei de perto, era centroavante. O Pelé era ponta de lança e jogava mais pela esquerda. O Di Stefano foi um grande jogador, mas não dá para comparar. O mesmo acontece com o Maradona, outro grande jogador – para a Argentina ele foi sensacional, talvez o maior de todos os tempos –, mas comparar com o Pelé é simplesmente impossível.

Pelé foi perfeito. Fui um privilegiado porque joguei dez anos com ele, empurrando, ajudando, exigindo, xingando e sendo xingado. Vi mais que todos o Pelé jogar.

Muito do que fez em campo não está registrado. Fora dos gramados, ele contava com um prestígio fantástico. Fomos com o Santos jogar na Costa do Marfim e depois do jogo aconteceu um coquetel no palácio – o jogo tinha sido bancado pelo governo. O empresário que contratou o jogo queria receber logo, mas o ministro da Fazenda alegou que só pagaria se o Pelé estivesse presente ao coquetel. O empresário veio falar comigo: "Zito, você precisa me ajudar, precisa levar o Pelé". O Pelé era avesso a essas coisas políticas. Tentei falar com ele. "Se você não for, o empresário não recebe e nós também não vamos receber, caramba!", disse. E acrescentei: "Vai lá, faz uma graça para o ministro e pronto". O Pelé acabou concordando, foi até o palácio e aí pagaram o que havia sido acertado com o empresário. Ele era fantástico, abria portas como essa, assim como abre portas até hoje.

Zito dá o
recado, 1964

O maior mito

Podemos dizer que o Pelé tinha um ímpeto semelhante ao do Zizinho, que na época dele representava para o Brasil o que La Bruna significava para a Argentina. La Bruna foi o maior jogador, o maior mito argentino até o aparecimento de Maradona. O Zizinho não era um lançador, era um jogador que fazia gols, de condução de bola e dribles bonitos.

Quem dá a bola é o Santos

A ascensão da equipe do Santos aconteceu na década de 50. Fomos assimilando aos poucos, recebendo com felicidade e satisfação o privilégio de participar de um movimento, pois aquilo foi praticamente um movimento. O Santos crescendo da forma que cresceu apagou o futebol argentino – o Boca Juniors e o River Plate, que eram os clubes conhecidos e invejados. Com a ascensão fulminante do Santos, o futebol brasileiro passou a dominar a América que, antes, era primazia argentina. E isso, por incrível que pareça, não subiu à nossa cabeça, era gostoso viver aquele momento. Fomos até o fim humildemente.

O título em 1958 foi a coisa mais importante para o futebol brasileiro. Porque o Brasil não tinha tradição em Copa do Mundo. O título provocou uma mudança no futebol do país.

1958: afinal, a nossa vez

A primeira Seleção da qual participei era formada só por jogadores paulistas. Fomos disputar o Sul-Americano, no Uruguai, em 1956. Joguei o primeiro jogo, depois não joguei mais. Em 1957 também fui para o Sul-Americano, desta vez no Peru, mas não joguei.

Nas eliminatórias para a Copa de 58 já fazia parte do grupo. O jogo que nos classificou para o Mundial foi contra o Peru, no Maracanã, com o famoso gol de falta do Didi, de folha-seca. Havíamos perdido para a Argentina e viemos direto disputar esse jogo decisivo, no Rio de Janeiro. Ganhamos por 1 x 0 e carimbamos o passaporte para a Suécia.

Quando saiu a convocação para a Copa, em 1958, éramos três os jogadores do Santos: o Pepe, o Pelé e eu. Na minha posição, quem começou jogando foi o Dino Sani, que era um jogador excepcional, clássico, mais clássico que guerreiro. Lá na Suécia entraram jogando o Dida no lugar do Pelé; o Dino; o Mazzola no lugar do Vavá; e o Joel na vaga do Garrincha. Depois do segundo jogo, entramos os quatro desde o início.

No jogo contra a União Soviética, o Garrincha deu espetáculo. Já o Pelé foi crescendo, mostrando o futebol dele a cada jogo. Acho que foi contra País de Gales que ele fez aquele gol de chapeuzinho e começou a mostrar toda a sua genialidade.

Sobre essas substituições comenta-se que houve uma consulta, por parte da comissão técnica, ao Nilton Santos e outros jogadores mais experientes, no sentido de saber se seria conveniente mexer ou não no time. Isto é o que dizem. Eu, na verdade, não tomei conhecimento disso, só fui saber que ia jogar no dia do jogo, na véspera não sabia.

Nasce o 4-3-3

Na Seleção, o papel de marcador era mais meu do que do meia. Na Copa de 58, aconteceu uma mudança fantástica, que foi instituída não pelo treinador mas pelo Zagallo. Ele voltava para ajudar à defesa e, depois, saía jogando, criando o famoso 4-3-3. Daquela Copa em diante, este foi o esquema preferido dos times brasileiros.

Com a camisa do alvinegro da Vila Belmiro, Zito conquistou tudo: dez Campeonatos Paulistas, três Rio-São Paulo, cinco Taças Brasil, duas Libertadores da América, dois Mundiais Interclubes. Foto de 1965

Brasil 1 x 0 País de Gales
O jogo aconteceu no dia 19 de junho de 1958. Nessa partida, Pelé marcou seu primeiro gol com a camisa da Seleção.

Brasil 2 x 0 União Soviética
Partida realizada em Gotemburgo, no dia 15 de junho de 1958. Foi o jogo em que o técnico Vicente Feola decidiu colocar a dupla Pelé e Garrincha. Os gols brasileiros foram marcados por Vavá.

O Garrincha era um jogador-show, sempre foi. Ele não era encarado como um jogador produtivo, que jogasse para o grupo. Não havia esse tipo de cobrança.

Showman

O Garrincha era um jogador-show, sempre foi. Ele não era encarado como um jogador produtivo, que jogasse para o grupo. Não havia esse tipo de cobrança. Todos nós éramos fãs do Garrincha. Hoje, a gente comenta, busca os motivos de ele não sair jogando desde o início na Copa. O Joel era um jogador veloz, de lançamento, muitas bolas eram lançadas para ele, mas o Garrincha era um jogador-show. Éramos fãs dele porque quem gosta de futebol gosta de ver esse tipo de jogador.

Progresso da bola

O título em 1958 foi a coisa mais importante para o futebol brasileiro. Porque o Brasil não tinha tradição em Copa do Mundo. O título provocou uma mudança no futebol do país. Nosso futebol era muito inconsequente, as Seleções eram feitas de maneira inconsequente, não havia profissionalismo. Por isso, Paulo Machado de Carvalho teve uma influência fantástica. De alegre e descompromissado, nosso futebol passou a ser levado a sério e ganhou importância na vida dos jogadores e no ambiente do esporte brasileiro.

Isso a gente deve muito ao Paulo Machado de Carvalho. Foi por causa dessa comissão técnica – pela seriedade, pela exigência, já que eles eram muito exigentes em tudo o que se referia à disciplina e à preparação – que o futebol brasileiro mudou para melhor. Porque o futebol brasileiro passou a ser jogado com seriedade. Os jogadores passaram a entrar nas competições para ganhar, não só para disputar. Neste sentido é que eu acho que a Copa do Mundo de 1958 foi o evento mais importante para o futebol brasileiro.

Nunca estabeleci uma relação entre a conquista da Copa de 1958 e o desenvolvimento do Brasil. Mas acho que houve sim. Ganhamos o título durante o governo Juscelino, que queria avançar cinquenta anos em cinco. Acho que o título influenciou os governantes e a população. A festa que foi feita para essa conquista foi inacreditável, fomos obrigados até a fazer uma escala na Bahia, o que não estava previsto. Foi uma recepção estrondosa. A repercussão na população foi muito grande, houve um impacto nacional. Lavou a alma.

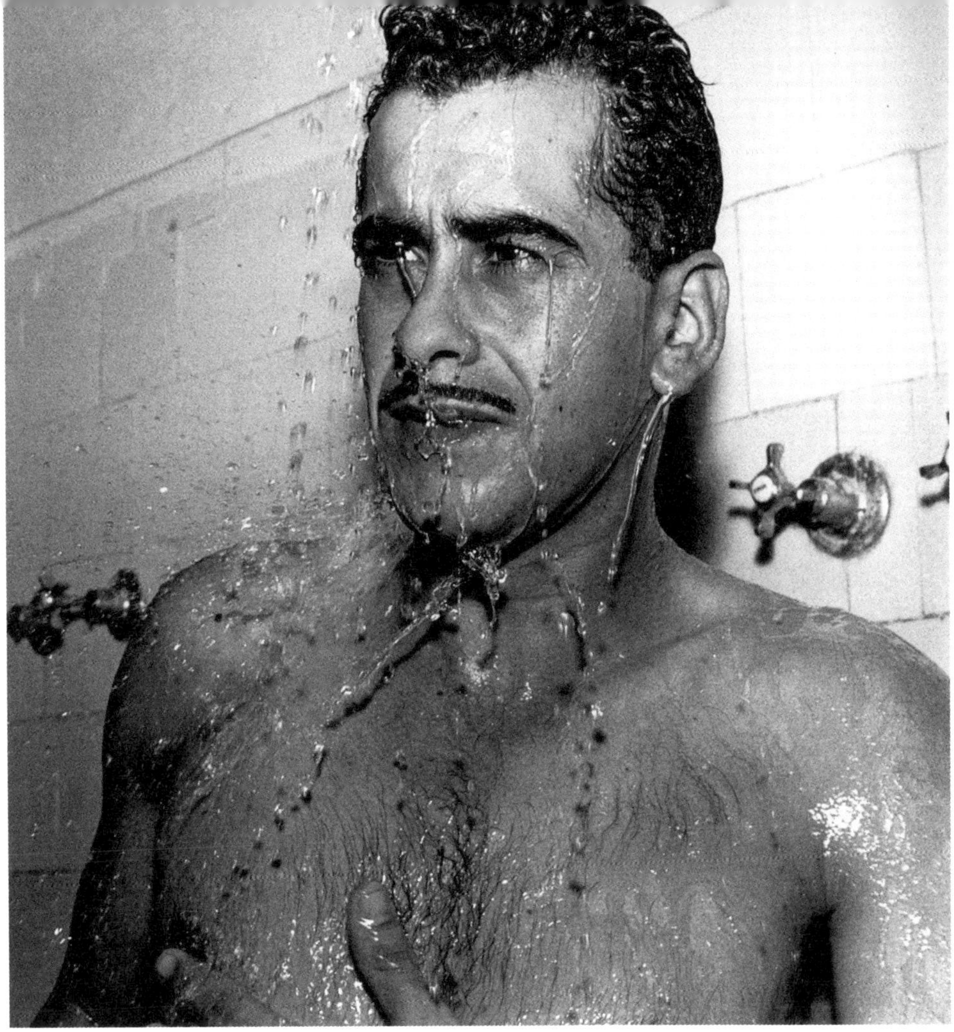

De lavada: Zito ajudou o Santos a golear o Benfica, 5 x 2, e sagrar-se campeão mundial de clubes em 1962

Sem afobação

O gol mais importante do Didi foi no Maracanã, quando ele colocou o Brasil na Copa de 58. Ele não costumava marcar muitos gols, dificilmente entrava na área. O negócio dele era fazer lançamentos, deixar o jogador na cara do gol, e nisso era especialista.

A demonstração de calma, experiência e liderança que o Didi deu naquele jogo final contra a Suécia foi espetacular. Assim que o Brasil tomou o primeiro gol, ele foi, pegou a bola no fundo da rede, botou debaixo do braço, veio tranquilo, falando: "Calma, gente". Nosso time sabia que podia ganhar da Suécia, uma equipe que considerávamos fraca. Não era preciso se afobar. Contudo, foi realmente o procedimento do Didi que acalmou o grupo.

1962: novo capitão levanta a taça

A lembrança que tenho da Copa de 62 é de um time experiente. A comissão técnica era praticamente a mesma de 58, com exceção da entrada do Aymoré

Nunca estabeleci uma relação entre a conquista da Copa de 1958 e o desenvolvimento do Brasil. Mas acho que houve sim. Ganhamos o título durante o governo Juscelino, que queria avançar cinquenta anos em cinco. Acho que o título influenciou os governantes e a população.

Didi recebe homenagem do presidente Juscelino Kubitschek após a conquista da Copa de 1958

Brasil 3 x 1 Tchecoslováquia
O embate se deu em Santiago, em 17 de junho de 1962. O gol da Tchecoslováquia foi anotado por Masopust. Do lado brasileiro, Zito, Amarildo e Vavá garantiram o bicampeonato para a Seleção.

Moreira, nosso treinador. O time sabia o que queria, já se conhecia, sabíamos do potencial de cada um. O episódio do Pelé, por exemplo. Ele se machucou no segundo jogo – teve uma contusão séria e não jogou mais – e o Amarildo entrou tranquilo e mostrou um grande futebol. Foi o momento de um grupo mais consciente, um grupo experiente, diferente do que foi na Suécia, que foi um sonho, uma aventura, um "vamos ver no que vai dar". No Chile não, a gente sabia que o grupo era bom, consciente do que fazer em campo, então foi mais fácil.

Um episódio curioso nessa Copa, uma mudança em cima da hora, que ocorreu de fora para dentro, foi a escalação do Mauro. Ele jogou como titular em todas as partidas disputadas pelo Brasil antes da Copa. Quando chegamos ao Chile, a equipe que o Aymoré escalou para a estreia tinha no lugar do Mauro, o Bellini, capitão da equipe em 58.

Depois de 1958, Bellini foi o capitão em todos os amistosos de que o Brasil participou. Foi com ele que se consagrou a figura do capitão do time, que antes não era visto com tanto respeito. Porém, com aquela vitória em 1958, passou-se a reverenciar o capitão como uma pessoa com mais capacidade para comandar o time. Como naquela época não havia substituições, era preciso alguém em campo que ajudasse o treinador a comandar a equipe.

Quando o Mauro soube que não seria titular em 62 fez uma reunião com a comissão técnica, pediu a passagem de volta, sob a alegação de que se não fosse jogar preferia voltar para casa. O técnico e a comissão aceitaram a reivindicação dele. O Mauro jogou, foi o capitão da Seleção e ergueu a taça do bicampeonato. Isso eu posso garantir que aconteceu.

O gol da final

Se a gente reparar bem, o gol que fiz na final da Copa de 62 começou na intermediária, quando passei a bola para o Zagallo, que estava no meio-campo, e gritei para ele tocar para o Amarildo, que corria nas costas do zagueiro. Saí em disparada, correndo em direção ao gol adversário, acompanhando a jogada e a

Copa do Mundo de 1962, no Chile. Final. Brasil faz 3 x 1 na Tchecoslováquia e é bicampeão do mundo. Zito cabeceia, marca o segundo gol brasileiro e, na página seguinte, corre para o abraço

bola. Quando o Amarildo cruzou, pensei: "Vou ter que subir o máximo que conseguir, não posso perder esse gol". Levantei os braços para ajudar a impulsão e subi tudo o que podia, tanto que tive que abaixar a cabeça porque o cruzamento veio baixo – o que dá a impressão que faço o gol de peito, mas foi com a cabeça mesmo. O único problema foi a trave: quase bati a cabeça nela. Mas não bati não, bati só os braços. Mas eu não podia perder aquele gol, não podia.

1966: embrião de 70

Não joguei a Copa da Inglaterra porque tive uma distensão muito forte no início da competição. Era o titular até me machucar. Assisti à Copa lá mesmo. Foi uma pena o que aconteceu com o Brasil porque o grupo era bom. Mas ali já estava o embrião da Seleção vencedora na Copa seguinte, 1970. O pessoalzinho já estava ali, em Londres – o Tostão, por exemplo. O que foi incrível foi o Carlos Alberto não pertencer àquele grupo. Nesta Copa, lembro que a comissão técnica consultava a gente, os mais velhos, sobre substituições.

Volante no ataque

Não acredito que o meu jeito de jogar tenha criado um padrão para o médio-volante brasileiro. Fui diferente de outros médio-volantes porque eu gostava de atacar, eu era o sexto atacante, digamos assim. Quando o Mengálvio veio jogar no Santos, nós invertemos: o Mengálvio jogava atrás de mim e eu jogava na frente, municiando o ataque.

Hoje em dia, poucos médio-volantes gostam de conduzir a bola e ir à frente, o que a maioria faz é marcar. Eu comecei marcando também, mas fui me soltando.

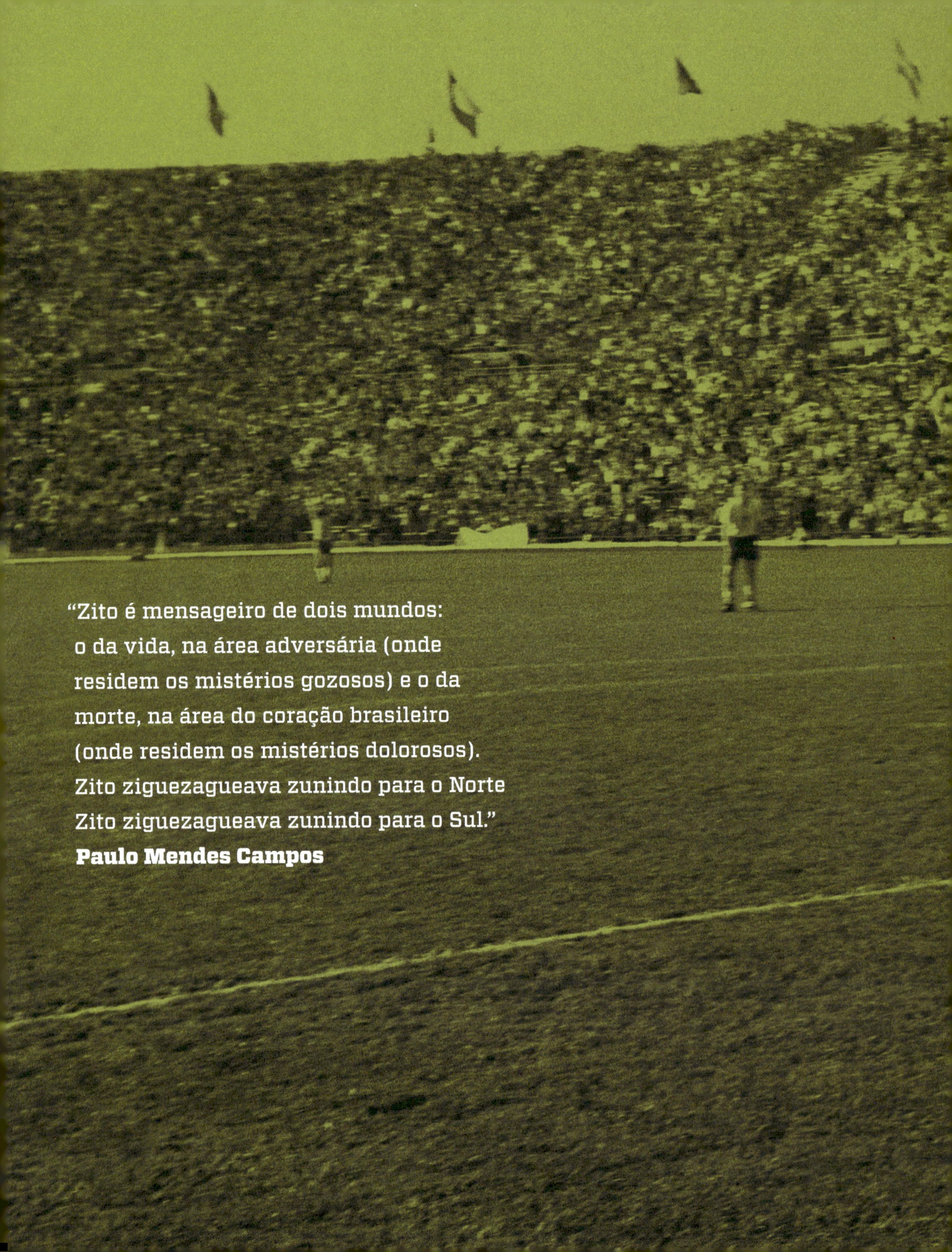

"Zito é mensageiro de dois mundos:
o da vida, na área adversária (onde
residem os mistérios gozosos) e o da
morte, na área do coração brasileiro
(onde residem os mistérios dolorosos).
Zito ziguezagueava zunindo para o Norte
Zito ziguezagueava zunindo para o Sul."

Paulo Mendes Campos

Inventor da folha-seca,
Didi treina. Foto dos anos 50

DIDI

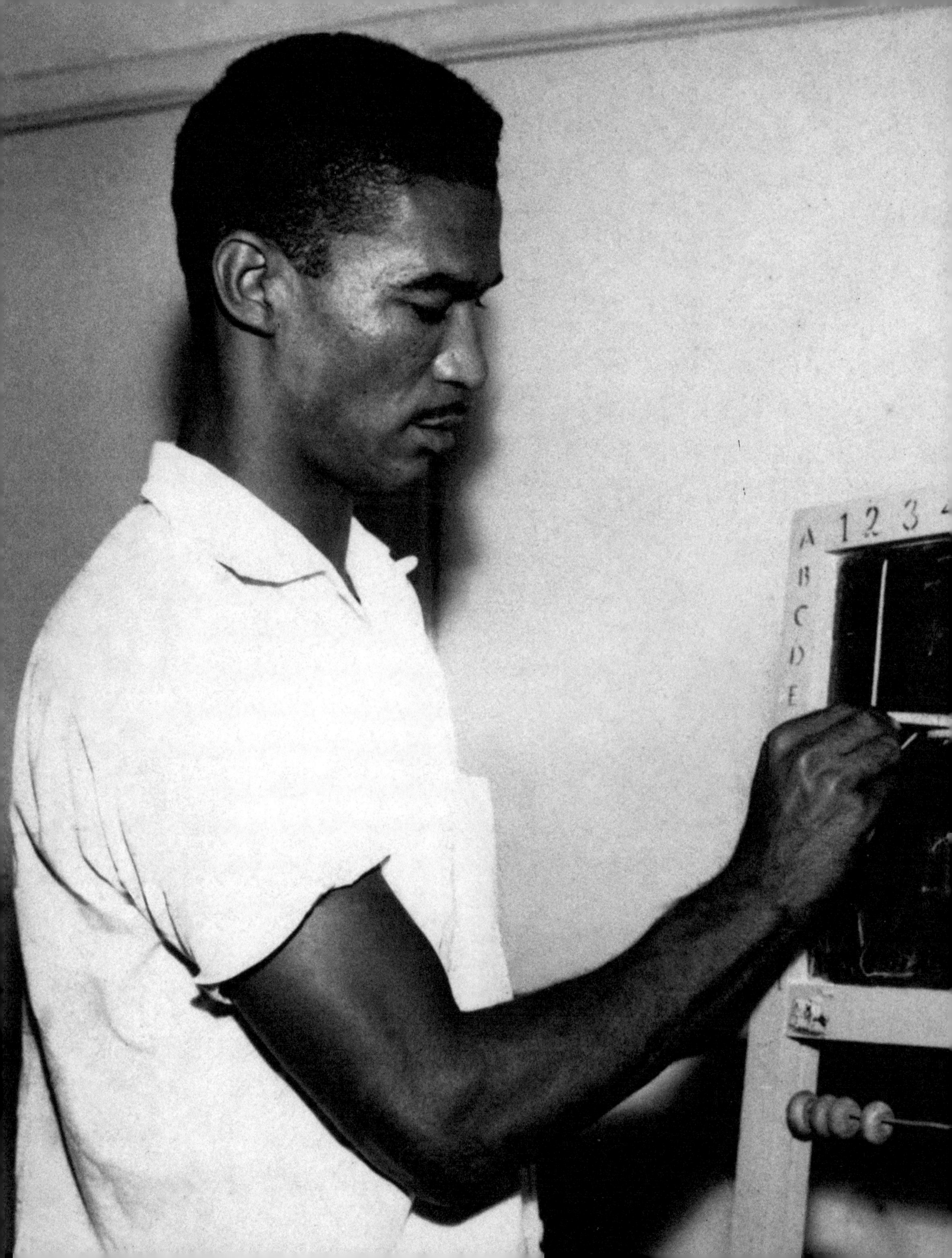
1 2 3
A
B
C
D
E

"Da Vinci mudou a ótica estética ao dizer que pintura é coisa mental. Didi, mais que ninguém, introduziu no futebol o poder da inteligência. Não foi um espontâneo, um inspirado, um romântico; foi o cerebral, o racionalista, o clássico."
Paulo Mendes Campos

Didi, o "Príncipe Etíope", nos anos 60, rabisca a área adversária

VALDIR PEREIRA nasceu em Campos, Rio de Janeiro, em 8 de outubro de 1928. Foi o criador de uma das jogadas mais célebres do nosso futebol, a folha-seca, um jeito venenoso de cobrar faltas, em que a bola subia, despretensiosa e, ao chegar perto do gol, caía repentinamente. Começou a carreira no Americano em 1945, teve passagens pelo Lençoense (SP) e pelo Madureira (RJ). Foi ídolo da torcida do Fluminense entre 1949 e 1956, até transferir-se para o Botafogo, clube pelo qual se apaixonou. Depois, em 1959, rumou para o Real Madrid, na Espanha. De volta ao Brasil, em 1961 retornou ao Botafogo e teve passagem pelo São Paulo. Foi quatro vezes campeão carioca e bicampeão mundial com o Brasil em 58 e 62. Como técnico, dirigiu o Sporting Cristal, do Peru, o River Plate, da Argentina, o Fluminense e o Botafogo. Foi treinador da seleção peruana, na Copa de 70, e também das seleções da Turquia e da Arábia Saudita. Morreu no Rio de Janeiro em 12 de maio de 2001.

Bola de meia

Sou de Campos, Rio de Janeiro. Comecei a jogar minhas peladinhas com bolas de meia – naquela época havia sempre um terreno baldio nas esquinas. Depois do colégio, à tarde, jogávamos até às sete, oito da noite. Volta e meia aparecia o irmão mais velho, a mamãe ou a titia pra levar a gente embora. Era hora de tomar banho, jantar e dormir.

Hoje, temos as escolinhas de futebol. Então o garoto tem mais apoio, e eu entendo que este é um trabalho de base, de muita responsabilidade, porque é lá que vai ser escolhida a posição mais adequada para o garoto, é na escolinha que vai se tentar descobrir quais os defeitos da criança no futebol e tentar corrigi-los.

Tabela com o vento

Quando joguei no Real Madrid, na Espanha, treinava todos os dias no Santiago Bernabéu. Na arquibancada, havia uma rachadura que aumentava ou diminuía de acordo com a lotação do estádio. Por ela passava um vento forte. Treinando, eu chutava a um metro, um metro e meio fora do gol. O vento se encarregava de levar a bola para dentro. Eu batia com efeito, e com o vento a bola ia tomando um destino diferente. Eu não falava nada para os meus companheiros de clube,

Em 1957, treinando com a Seleção

nada. Um negócio meu. Quer dizer, eu descobri, eu treinava, me sacrificava, para quando surgisse a oportunidade, tentar tirar proveito daquilo.

Então veio um jogo contra o Sevilha, que era um time médio, e o zero a zero naquela circunstância era praticamente uma derrota. Um jogador da nossa equipe caiu na área e o juiz marcou pênalti. Eu pedi ao Puskas para bater. "Não, eu sou o artilheiro", ele respondeu. O Puskas era um cara que pegava bem na bola, tinha uma perna esquerda certeira. Ele foi bater o pênalti e, infelizmente, o goleiro adivinhou o canto. A partir daí, o torcedor madrilenho começou a jogar garrafas, latas de cerveja e chamar o Puskas de comunista.

O jogo continuou e o Di Stefano pegou uma bola e meteu para o Gento. Ele entrou pela linha de fundo e o zagueiro afastou para escanteio. O próprio Gento bateu o corner, o zagueiro Campanal devolveu de cabeça e a bola caiu na meia-lua, sob medida pra mim. Dominei no peito, o marcador veio para me dar

Eu vou explicar o que é a folha-seca. É um jeito muito difícil de bater na bola; o jogador tem que, digamos assim, "cortar" a bola no meio. Tem de fazer muita força com a ponta dos dedos.

uma pancada, mas abriu as pernas e eu acomodei a bola entre as pernas dele já me preparando para bater. Mirei mais ou menos um metro e meio para fora do gol. Eu sabia que ela ia entrar. Quando bati, e ela passou a um metro e meio, eu pensei, pô, entrou! O goleiro ficou olhando. Quando percebeu que a bola estava entrando, colocou as mãos na cabeça e correu na minha direção. Pensei: o cara vai me dar uma pancada, um soco. Por isso, pedi proteção aos meus companheiros. O goleiro vociferava: "Negro Didi, que a hecho?" Falei: "no lo hecho, la pelota entró, pues!".

Esse jogo nós ganhamos por um a zero.

Psicólogo das quatro linhas

Nunca estudei psicologia, mas em campo era um psicólogo. Às vezes, olhava determinado jogador e sentia que tinha certa simpatia por mim. Ele me olhava, me namorava, então eu pensava: esse cara é meu fã! Não tinha dúvida em partir para cima do cara. Percebia que o cara era inferior, metia logo o rolo compressor. Em uma ou duas jogadas, ele já ficava sem jeito, de perna trocada, e era assim que a gente levava vantagem.

O drible é desnecessário

Eu não gostava de driblar, porque o drible é uma emergência do futebol. Às vezes, quando não é possível fazer uma tabela ou dar um passe, aí a gente precisa do drible. Quer dizer, o drible é uma coisa que não deveria existir no futebol. Principalmente no futebol moderno. Hoje, a primeira coisa que um jogador pensa é na destruição da jogada, e destruir é fácil, criar é que é difícil. Então, atualmente, dar um drible é muito difícil porque é grande o risco de você tomar uma pancada, levar um carrinho no tornozelo, quebrar o tornozelo, torcer o joelho. No futebol atual, o drible é uma coisa desnecessária.

Na página seguinte, Didi em três tempos: com a camisa do Botafogo, entre 1956 e 1958 e de 1961 a 1962; pela Seleção Brasileira, bicampeão mundial, em 1958 e 1962; e quando parou de jogar, como treinador, à frente da seleção peruana, que levou à Copa de 1970

Curva perigosa

O maior prazer que eu tinha no futebol era dar passes. Passes curtos ou de trinta, quarenta, cinquenta metros. Ficava muito satisfeito quando a bola saía dos meus pés e parecia que ia em direção ao beque, mas pegava efeito e acabava fazendo uma curva. Em outras oportunidades, o beque tentava meter a cabeça, mas a bola desviava e tomava outro rumo. Então o companheiro ficava numa situação muito boa e eu torcia para que finalizasse direitinho e fizesse o gol. Era a minha maior satisfação dentro de campo. Quando eu marcava um gol, muitas vezes não vibrava. Se eu desse o passe e o cara fizesse, aí sim, vibrava muito.

A folha-seca

Eu vou explicar o que é a folha-seca. É um jeito muito difícil de bater na bola; o jogador tem que, digamos assim, "cortar" a bola no meio. Tem de fazer muita força com a ponta dos dedos. Eu calçava 41, mas a chuteira do pé direito era 40 – no esquerdo, usava minha numeração normal. Usava a chuteira bem justa para poder, com a pontinha dos dedos, com a unha mesmo, *cortar* a bola. Quando eu comecei a bater de folha-seca, eu batia com a chuteira normal, 41, e eu sentia que faltava alguma coisa. Foi aí que tive a ideia de procurar uma menor para o pé direito. Descobri que a chuteira do Zagallo era a que eu precisava, ele calçava 40, e como era canhoto, a direita dele ficava sempre em bom estado. Toda vez que ele ia jogar o par velho no lixo, eu pegava o pé direito. Até o roupeiro tinha o maior carinho com o pé direito da chuteira dele porque sabia que viria, mais tarde, para mim.

Mandar o recado

A menina dos meus olhos era o futebol do Jair Rosa Pinto. Queria sempre vê-lo jogar. O Jair batia na bola com muita força e efeito. A bola fazia curva e seus lançamentos eram de uma engenharia perfeita. Ele metia a bola onde queria. Era um jogador de muita personalidade, quando dominava uma bola no meio-campo e gritava para os caras irem, não havia dúvida de que os caras iam mesmo. O Jair foi um professor para mim.

Admiro muito o Zizinho. Acho que foi o maior jogador de todos os tempos. Eu saía de Madureira para assistir aos jogos do Flamengo, na Gávea. Pegava

Pelé observa Didi fazer testes físicos durante a preparação da Seleção Brasileira para a Copa de 58

um trem, depois um ônibus, só para ver o Zizinho jogar. Mas ele era diferente do Jair e de mim. O Zizinho era um jogador que tinha muita habilidade, muita força, mas levava o recado. O Jair e eu procurávamos lançar, nós não corríamos 38 metros para dar um passe de dois metros. Mandávamos nosso recado de 42, 43, 45 metros. O Zizinho, não. Ele carregava a bola.

Bola na fogueira

Eu tinha a minha maneira de agir, os meus pensamentos. Os companheiros tinham respeito e carinho por mim. Eu não reclamava, mas exigia que cada um cumprisse a sua parte. Eu sabia, por exemplo, que um bom passe facilitava a vida do meu companheiro. Entregar uma bola limpa, que não precisasse ser dividida com o adversário, diminuía as chances do companheiro levar alguma pancada. Eu tinha uma grande preocupação em não deixar meus companheiros correrem riscos. Às vezes acontecia o oposto, como no caso do Valdo, companheiro no Fluminense. Ele não gostava de receber a bola limpa. Sempre que recebia limpa, ele perdia o gol. Eu podia colocar a bola na marca do pênalti, na pequena área, de cara para o goleiro, que o Valdo perdia. Então, um dia, ele chegou pra mim e confessou: "Didi, pelo amor de Deus, prefiro quando você não me dá a bola limpa". Desde então, passei a esperar o beque picar pra cima dele e jogava a bola no meio dos dois. Aí sim. O Valdo arrebentava com o beque, a bola sobrava do jeito que ele gostava e fazia o gol. Comemorando, me dizia: "É assim que eu gosto, Didi!". E eu pensava: "Está bem, se é assim que você prefere, vou fazer desse jeito". Eu tentava fazer tudo aquilo que achava que era melhor para os companheiros. Eu procurava caprichar e oferecer o melhor.

Ao lado de Orlando Pingo de Ouro, Didi levou o Fluminense ao título carioca de 1951

Último dos moicanos

Depois que parei de jogar, procurei passar o bastão para o Gérson. Este, por sua vez, passou para o Rivellino, que foi o último dos moicanos do meio-campo, o último dos jogadores praticamente intocáveis. O jogador na posição que nós ocupamos, o Jajá Rosa Pinto, o Gérson, o Rivellino e eu, todos nós, deve procurar impor respeito. O jogador que atua nesta posição tem responsabilidades, principalmente no bom tratamento com os companheiros. Temos que chamar a atenção no momento certo, procurar facilitar no papo, avisar que o companheiro está sozinho ou que a bola está a um metro dele. Desta forma, o companheiro tem a tranquilidade de olhar, dominar. Porque se você avisou e ele acredita em você, sente que está desmarcado e finaliza com facilidade. É difícil encontrar um jogador na atualidade que tenha toda essa visão e força mental para poder orientar os companheiros.

Siga o mestre

No início da carreira do Pelé, o Jair Rosa Pinto foi o parceiro mais importante que ele teve. Havia um outro jogador na época, o Pagão, que era muito bom sem a bola, procurava sempre abrir espaços. Essa característica do Pagão possibilitava que o Jair fizesse lançamentos de trinta, quarenta, cinquenta metros para o Pelé finalizar. Nessa época, o Pelé fazia muitos gols. O Jair pegava, tocava e o Pelé botava pra dentro. Na Seleção, eu jogava com o Pelé, ele fazia tudo que me facilitasse e eu facilitava tudo o que podia para ele. Havia a minha postura, eu era o Didi. E eu gostava que todos me respeitassem porque eu respeitava a todos. Quando eu pedia, tinha de ser atendido, porque estava pedindo em benefício do Pelé e em benefício meu e do grupo. Quando não faziam o que eu pedia, reclamava com toda a razão. Eu tinha uma bola de quarenta metros que era um risco. Se

Em 1957, depois de nove anos, o Botafogo voltou a ser campeão. Após as comemorações, Didi, cumprindo uma promessa, voltou a pé desde a sede do Botafogo até a sua casa, cerca de cinco quilômetros. Só tirou as chuteiras em casa, auxiliado pela mulher, a atriz Guiomar Batista, e ao lado da filha Rebeca

eu lançasse e determinado jogador não fosse na bola, ele me jogava às traças, me deixava mal. Eu dizia: "Porque se eu vou meter uma bola, vou procurar caprichar, não é fácil meter uma bola de quarenta, quarenta e cinco metros, com engenharia, tudo lá, perfeito pra você e você não pica? Nesse caso, você me põe mal".

Muitos jogadores faziam o gol e vinham me abraçar. Daí eu aproveitava e dizia: "Tá vendo, quando eu pedir, por favor, faça". Ou então: "Quando eu pedir pra picar, pica porque eu vou meter a bola". Alguns diziam: "O Didi nunca está contente!" Não é isso. Como não ficaria contente em meter uma bola de quarenta metros no peito do jogador, ele dominar e fazer o gol? Eu vibro quando os companheiros fazem gol. Mas precisam me facilitar.

A campanha de 58

Quando fomos disputar a Copa de 58, saímos do Rio de Janeiro com a intenção de, na Europa, nos prepararmos antes da chegada à Suécia. Passamos pela Suíça e pela Itália. Na Itália, jogamos em Milão e em Florença. Enfrentamos a Internazionale, que sempre foi um clube importante, com bons jogadores – vários deles, inclusive, eram suecos, jogadores da seleção sueca. Na ocasião, ganhamos de 4 x 0 da Internazionale. Em Florença, também ganhamos de 4 x 0 a partida disputada. Ali, sentimos que o time estava bem acomodado com o Pelé, tinha mais fluência com ele. Era um jogador que voltava, dava uma certa cobertura para a gente no meio e finalizava com facilidade.

Chegamos à Suécia e começamos a treinar para sentir o ambiente do país, nos familiarizarmos com a região em que teríamos que viver durante quarenta, cinquenta dias. Ficamos em frente à concentração da União Soviética e assistíamos aos treinamentos deles: começavam às oito da manhã e às duas da tarde ainda treinavam, davam piques, pulavam, finalizavam. Tínhamos a impressão de que seria muito difícil enfrentá-los por causa do bom preparo físico deles. Diante da velocidade que eles mostravam ali, parecia impossível marcá-los.

Mas quando jogamos contra os russos, preocupados, acreditando que seria um jogo difícil, os nossos reflexos estavam melhores do que os deles, éramos mais rápidos, nossa cintura mais flexível. Havia também a maneira com que tocávamos a bola, nossa maneira de tratar a bola, tratar os companheiros. A obediência de um companheiro com o outro, no toque, no passe, sem que um desgastas-

Garrincha, Didi e
Quarentinha, 1962

Acima e à direita, nos anos 70, quando foi técnico do Fluminense, Botafogo, das seleções do Peru, da Arábia Saudita, entre outros times

> Quando fui para o Fluminense, existia no clube um certo preconceito. Muitas vezes, antes de entrar em campo, passei talco no rosto para parecer mais branquinho.

se o outro. Então tudo isso contou para que liquidássemos o time russo. Depois desse jogo, sentimos que a nossa equipe era imbatível. Não havia maneira de ganhar da gente. A gente entrava em campo com muita confiança na vitória e isso nós adquirimos, chegávamos no campo certos de que sairíamos vitoriosos.

Na véspera da final contra os suecos, choveu muito e os jornais começaram a publicar que os brasileiros não estavam acostumados, não se davam bem jogando em campo pesado. Os suecos, muito honestos, cuidaram para que o campo ficasse protegido e o mais seco possível. Iniciado o jogo final, tomamos um gol logo no início. Eu senti, olhando para os companheiros, que aquele gol afastou um pouco o sangue da gente. Ficamos brancos dentro de campo. Eu vi aquilo e corri para pegar a bola. Lembrei imediatamente que o Botafogo havia passado, três ou quatro meses antes, pela Suécia e tínhamos metido no time contra o qual jogamos 4 x 1 ou 4 x 2. Mais da metade do time sueco que jogou contra o Botafogo estava em campo. Então a minha preocupação era pegar a bola, usar aquele tempo para que o Nilton Santos se lembrasse, o Garrincha se lembrasse, o Zagallo, para que todos se lembrassem que já havíamos passado por ali e vencido praticamente toda a seleção deles.

Eu queria usar aqueles segundos para que a torcida se tranquilizasse e nós recomeçássemos o jogo. Enquanto eu andava com a bola debaixo do braço, o juiz pedia que eu fosse mais rápido, mas eu fui devagar e pus a bola no centro. Recomeçou o jogo, o Vavá me deu, eu meti para o Garrincha, que entrou e chutou. Bateu na trave e depois na rede pelo lado de fora. A torcida gritou gol e sentiu que a coisa começou a se equilibrar de novo. O próprio time retomou a sua normalidade. Logo em seguida, veio a jogada do Garrincha, 1 x 1, e eu disse: bom, agora a vaca vai para o brejo, porque agora tomamos as rédeas de novo. Terminou em goleada e fomos, pela primeira vez, campeões mundiais de futebol.

Pó de arroz

Eu acho que o preconceito sempre existiu na sociedade brasileira. Mais para uns e menos para outros, mas existiu, inclusive dentro do futebol.

Quando fui para o Fluminense, existia no clube um certo preconceito. Muitas vezes, antes de entrar em campo, passei talco no rosto para parecer mais branquinho.

O Fluminense sempre tratou os jogadores como funcionários. Não tínhamos o direito de telefonar na sede do clube, por exemplo, e os meus atritos por lá eram por causa de questões como essa. Eu ficava concentrado e em determinada época, quando a minha mulher esperava o nosso primeiro nenê, eu ficava preocupado, queria saber como ela estava, e na sede do clube eu não podia telefonar. Tinha que ir do lado de fora da sede, mas como estava concentrado não podia sair. Então, numa dessas vezes saí e não voltei.

Falei que não ia mais jogar no Fluminense porque não tinha liberdade para telefonar para a minha senhora que estava esperando nenê e eu queria saber como ela estava.

Na página seguinte, a ida de Didi para o Real Madrid, que rendeu uma fotonovela de 16 páginas na revista *Manchete Esportiva* de agosto de 1959

UM REI DISSE ADEUS

"Script" de Raul Arenas
Fotografia : Jankiel

Personagens:

Waldir Pereira .... Didi
Guiomar .... espôsa de Didi
A garotinha .... Rebeca

Enquanto estava sentado entre os companheiros, desfrutando seus últimos momentos de botafoguense, Didi sentiu-se tomado por recordações palpitantes, que o alagavam como vagas enormes e depois iam amainando e se disciplinavam, surgindo muito claras e muito puras do fundo da memória. Podia lembrar-se de tudo como se tivesse acontecido naquele momento . . .

Lembrava-se da chegada da Suécia e da cesta de rosas vermelhas. Nunca vira Guiomar mais linda!

UM REI DISSE ADEUS

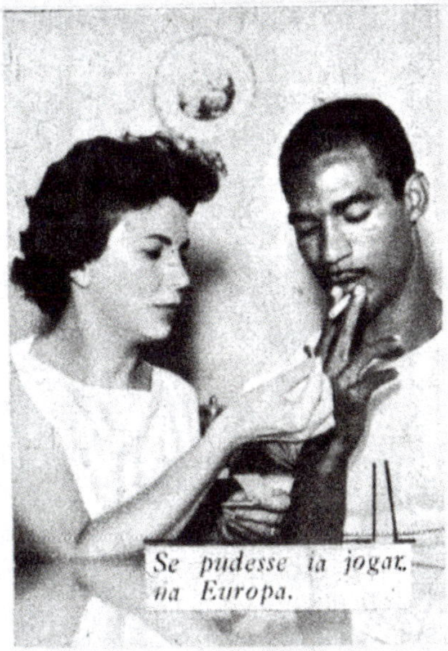

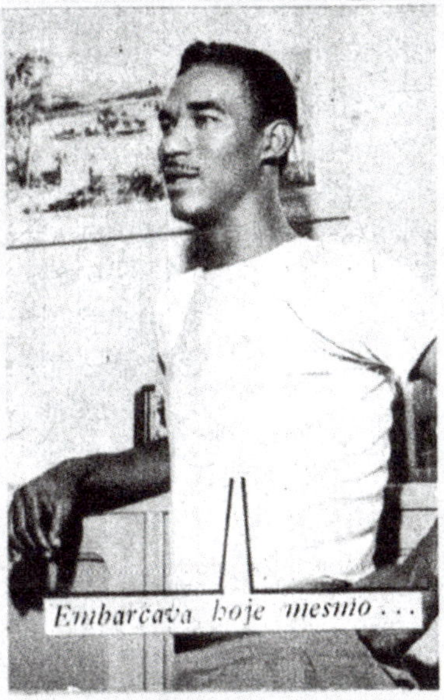

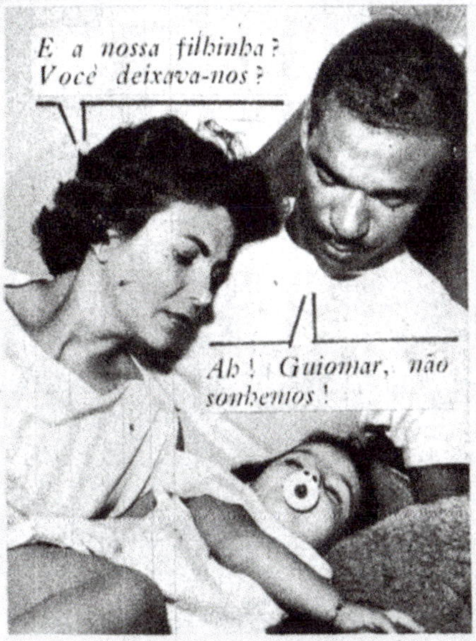

Didi e Guiomar ainda se alimentavam daquele sonho tão distante, quando chegou a guerra do campeonato.

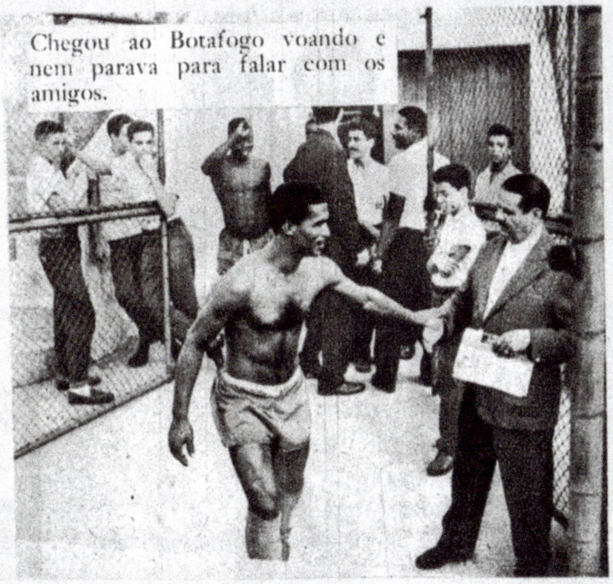

"Com seu pescoço longilíneo, Didi parecia uma figura pintada por Modigliani, um cisne negro cheio de manhas e truques, nenhum talvez tão celebrizado quanto a folha-seca, que até ao Aurélio chegou: 'chute direto a gol, geralmente com bola parada, cuja trajetória sofre uma queda súbita, que surpreende o goleiro'."
Sergio Augusto

Didi comanda o baile, amistoso contra o Boca Juniors, preparação para a Copa de 1962, no Chile

Em 1976, pelo Fluminense, Rivellino enfrenta a chuva e o marcador do seu antigo clube, o Corinthians

RIVELLINO

“Rivellino, além de ter um passe preciso e surpreendente, gostava de olhar para um lado e tocar para o outro. Ronaldinho faz isso também com frequência. Esse passe deixa o adversário sem ação e às vezes pega até o companheiro desprevenido”

Tostão

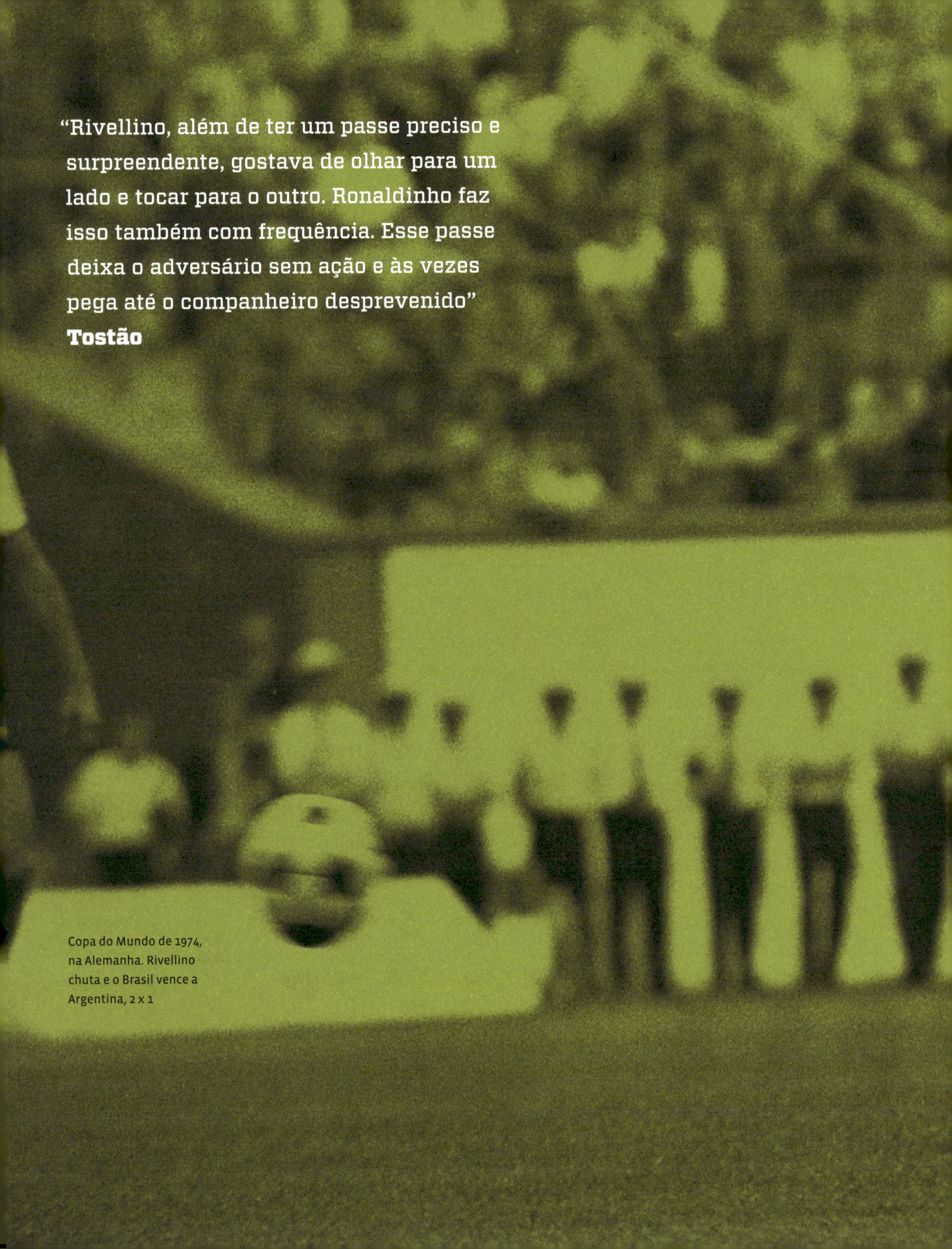

Copa do Mundo de 1974, na Alemanha. Rivellino chuta e o Brasil vence a Argentina, 2 x 1

ROBERTO RIVELLINO nasceu em 1º de janeiro de 1946, em São Paulo. Na Copa de 70, por conta de seus chutes potentes, foi apelidado de "Patada atômica". Era armador, ótimo lançador e dono de dribles curtos (entre eles, o famoso "elástico") e estilo nervoso. Palmeirense quando garoto, procurou o clube do Parque Antártica para jogar, mas não foi aprovado. Em 1965, seguiu então para o Corinthians, onde atuou por dez anos. Lá ganhou o apelido de "Reizinho do Parque". Em 1975, transferiu-se para o Fluminense e comandou a máquina tricolor nos títulos cariocas de 1975 e 1976. Em 1978, transferiu-se para o futebol da Arábia Saudita. Foi campeão mundial pela Seleção Brasileira em 1970, no México, e disputou as Copas de 1974, na Alemanha, e 1978, na Argentina. Deixou de jogar em 1981, aos 35 anos.

Passe de mágica

Eu não gostava de perder. O gol é muito importante, qualquer um gosta de fazer. Mas na minha vida, por incrível que pareça, sempre fui o jogador que procurava passar a bola para o outro marcar. Se eu tinha condição de fazer, fazia o gol, claro. Mas em noventa por cento dos casos eu sempre procurei passar para um companheiro mais bem colocado.

Cérebro do time

Pertenço a uma certa linhagem criativa no futebol, sempre tive muita facilidade em meter uma bola de trinta, quarenta metros, ou então jogar curto, entrar e tabelar.

Eu sempre fui um jogador criativo. Sempre, sempre, desde garoto, sempre fui desse jeito. O Zagallo, na Seleção de 70, me pedia para ocupar espaços, ficar na frente do adversário quando perdia a bola, mas eu não tinha a obrigação de roubar sempre a bola.

O jogador típico dessa função, na Seleção, era o Clodoaldo que, numa partida, roubava cinquenta bolas, e eu apenas duas ou três. Eu ocupava espaço, mas sempre me conscientizei da minha característica de armar, de criar, de dar a bola para o meu companheiro, de servir, deixar jogador do meu time na cara do gol, isso me encantava.

Rivellino escapa dos marcadores irlandeses em amistoso pela Seleção, 1973

Rosca

Meter uma rosca, a bola fazer a curva e deixar o companheiro na cara do gol, isso é uma coisa linda. Alguns companheiros falavam: pô, Riva, às vezes não tem necessidade de meter uma rosca. Então eu explicava a eles que era minha característica. Para quem não sabe, meter de rosca é o que a gente chama de chutar com os três dedos, a parte de fora do pé, a bola faz uma curva mais intensa, e eu gostava muito disso. Tinha jogador que se atrapalhava. Um deles me pediu certa vez: Riva, faz uma gentileza para mim, não mete muita rosca porque na hora de dominar pega na minha canela e fica feio pra mim. Expliquei que não fazia aquilo para prejudicá-lo, era o meu jeito de bater na bola, desde garotinho.

Rivellino no Parque São Jorge, 1968. Com a camisa corintiana, disputou 474 jogos (238 vitórias, 136 empates e 100 derrotas) e marcou 144 gols

Bigode em três tempos: em 1969, com o agasalho da Seleção; em 1976, rumo à Copa da Argentina; e em momento descontraído nos anos 70

Desacreditados

Em 1970, saímos do Brasil completamente desacreditados, diziam que não passaríamos da primeira fase. Havia a Inglaterra, campeã em 1966, havia a Tchecoslováquia, então campeã da Europa, e o bicho-papão que era a Romênia. Antes de sairmos do Brasil, fizemos um trabalho muito bem organizado, eu nunca estive tão bem fisicamente.

Pelé, o exemplo

O Pelé, já no México, um dia me falou: "Riva, nós vamos ganhar essa Copa". Vejam bem, antes de começar a Copa. Havia um otimismo muito grande naquela Seleção e a união era realmente forte. O Pelé foi o maior exemplo de jogador que tive na vida. Se a carne estava ruim, ele comia toda a carne ruim. Ele nunca reclamou, nunca vi o Pelé reclamar de nada. E não foi só a Seleção que foi muito criticada antes de sairmos do Brasil. O Pelé também. Diziam que estava cego, que estava acabado para o futebol.

Depois da final contra a Itália, quando nos sagramos tricampeões, eu desmaiei e só fui acordar no vestiário. Em certo momento o Pelé entrou, deu três berros bem perto da minha nuca: "eu não morri, não! Eu não morri, não! Eu não morri, não!". Quando ele estava sendo criticado, podia ter pedido a palavra em qualquer lugar, justificar, todo mundo acataria o que ele dissesse. Mas ele preferiu o silêncio. Preferiu responder dentro de campo. Para mim, este foi um exemplo maravilhoso. Arrebentou na Copa, deu o tricampeonato ao Brasil e foi, sim, o principal responsável pelo título. Se o Pelé tivesse nascido em outro lugar, não sei quantas estátuas dele haveria espalhadas por todos os cantos.

Antes dos jogos, no vestiário, o Pelé se concentrava de uma maneira toda dele. Cada um tem sua maneira de se concentrar. Ele colocava a bolsa dele de lado e levantava os pés apoiando-os contra a parede, para descansar as pernas. Ficava assim entre 15 e 30 minutos. Então, eu falava: "pelo amor de Deus, ninguém acorda o Negão, deixa ele dormir aí". Quase sempre, depois desse ritual, o Pelé jogava uma barbaridade.

Brasil 4 x 1 Itália
Na final, disputada na Cidade do México, no dia 21 de junho de 1970, Brasil e Itália disputaram a posse definitiva da taça Jules Rimet e a honra de ser o primeiro tricampeão do mundo. Boninsegna marcou para a Itália. Pelé, Gérson, Jairzinho e Carlos Alberto fizeram a festa brasileira.

O Corinthians foi tudo, representou tudo para mim. Eu adoro o Corinthians! Eu dei a minha infância, a minha juventude praticamente toda ao Corinthians.

Brasil 3 x 1 Uruguai
A partida, válida pela semifinal da Copa de 70, foi disputada em Guadalajara, em 17 de junho. O Uruguai abriu o placar com Cubilla. O Brasil alcançou a virada com gols de Clodoaldo, Jairzinho e Rivellino.

O velho lobo

Muita gente critica o Zagallo, eu o defendo. Haja vista o que ele conquistou como treinador. Em 1970, ele tinha o esquema tático dele. Nas eliminatórias, o Edu arrebentou na ponta-esquerda. Na concepção dele, eu era mais útil, me adaptava àquele esquema, então ele me colocou. Nós tínhamos um trabalho de marcação de meio-campo com o Clodoaldo, o Gérson e eu. No jogo contra o Uruguai, o Gérson estava sendo muito bem marcado e eu disse ao Zagallo: não vou ficar aqui parado, vou me mexer. Ele liberou inclusive o Clodoaldo, que fez até gol. O Zagallo dava essa liberdade de comunicação, coisas do tipo: se eu cair um pouco mais para cá facilita para o Gérson, se o Gérson cair um pouco mais para lá facilita para mim e para o Clodoaldo. No intervalo do jogo contra o Uruguai, ele deu uma bronca na gente. Ele queria ganhar aquele jogo de qualquer maneira.

Rivellino e Gérson, na Copa de 1970, no México

Elástico

O elástico foi um drible que aprendi com o Sérgio Echigo, um japonês que jogou no Corinthians em 1964. A bola tem que ficar junto à parte de fora do pé, eu ficava um pouco de lado, em seguida puxava a bola e rapidamente a esticava num drible longo e, quase instantaneamente, voltava com ela para perto do pé, só que próxima à parte de dentro.

Talvez o melhor elástico que consegui realizar foi em Portugal, jogando pela Seleção, em cima do jogador Coluna. Meu Deus, pegou tão lindo! O Coluna foi parar fora do campo e eu falei: aonde você vai? A bola está aqui. Por que você está saindo? Foi o elástico mais bonito que eu dei na vida.

Outro elástico famoso foi em cima do Alcir, do Vasco da Gama, quando eu jogava no Fluminense. Na verdade, foi um elástico torto, mas dei tanta sorte que a bola passou no vão das pernas dele e acabei fazendo um dos gols mais lindos da minha vida. Dizem que o Alcir parou de jogar futebol depois desse drible, mas isso é pura maldade já que ele estava mesmo no final de carreira. Foi coincidência.

Reizinho do Parque

O Corinthians foi tudo, representou tudo para mim. Eu adoro o Corinthians! Eu dei a minha infância, a minha juventude praticamente toda ao Corinthians. O time do Parque São Jorge é como o gol, o clima, o ápice, o momento mais importante do futebol.

Se tivesse que fazer tudo de novo, faria com o maior prazer. Faria tudo, sofreria como eu sofri, teria as alegrias que eu tive no clube. Sempre fui muito criticado, achavam que eu era palmeirense. Nunca neguei que quando garoto realmente torcia pelo Palmeiras. Mas aprendi a gostar do Corinthians. É um clube que tem algo a mais, você entra lá, você se torna uma pessoa querida, começa a adorar o clube pelo que ele representa, o que ele dá de retorno para você. O Corinthians foi realmente muito importante para mim.

Em 1972, com a camisa alvinegra. No Corinthians, Rivellino ganhou o apelido de "Reizinho do Parque"

Mágoas

Eu não saí do Corinthians magoado com o clube, mas sim com algumas pessoas. A torcida até hoje tem um carinho especial por mim. Agora, algumas pessoas, naquele momento, em 1974, me usaram para tirar o corpo fora. Nos jogos finais contra o Palmeiras, nós tínhamos empatado o primeiro em 1 x 1 e eu fui considerado o melhor em campo na ocasião. Na partida seguinte, quando perdemos o jogo e o campeonato, quiseram me destruir, destruir uma pessoa que fez muito pelo Corinthians durante quase onze anos. A grande culpada foi a imprensa paulista, que deu cobertura total à torcida e começaram a agitar contra o Rivellino. Criaram um clima muito ruim. Eu não ganhava jogo sozinho, nunca disse isso, não era um gênio. Eu tenho a verdadeira consciência do meu valor. E tenho um lema na vida: acho que Deus sempre te dá as coisas e te mostra o caminho, te abre as portas. Saí do Corinthians, mas fui para o Fluminense, onde tive uma passagem maravilhosa.

Brasil

Adoro esse país! Se reclamo de alguma coisa é da memória um pouco curta que o povo brasileiro tem. No exterior, as pessoas me valorizam muito mais do que aqui. O respeito e o carinho que têm por mim é coisa de louco. Mas sou brasileiro e adoro essa terra. A minha bandeira é a brasileira e gosto de vê-la sempre no alto.

Contra a Itália na final da Copa de 70, Rivellino se prepara para soltar aquela que ficou conhecida como a "patada atômica"

11

Sócrates no Corinthians, 1982

SÓCRATES

IVECO IVEC

"Sócrates Brasileiro Sampaio de Souza Vieira de Oliveira
Deu um pique filosófico ao nosso futebol [...]
Com destino e elegância dançarino pensador
Sócio da filosofia da cerveja e do suor
Ao tocar de calcanhar o nosso fraco a nossa dor
Viu um lance no vazio herói civilizador
(o Doutor)"

José Miguel Wisnik

Espanha, 2 de julho de 1982, Sócrates sobe para dividir com Daniel Passarella. Brasil 3 x 1 Argentina

SÓCRATES BRASILEIRO SAMPAIO DE SOUZA VIEIRA DE OLIVEIRA nasceu no dia 19 de fevereiro de 1954, em Belém, Pará. Iniciou a carreira no Botafogo de Ribeirão Preto, em 1974. Quatro anos depois, jogando pelo Corinthians, conquistou o Campeonato Paulista de 1979, 82 e 83. Magrão ou Doutor, como ficou conhecido, disputou 297 partidas pelo Corinthians e marcou 172 gols. Jogou ainda na Fiorentina (Itália), Flamengo e Santos. Disputou duas Copas, em 1982 e 1986. Não foi campeão do mundo, mas entrou para a história do futebol ao integrar, como capitão, uma das maiores equipes de todos os tempos: a Seleção Brasileira de 1982. Foi o criador da Democracia Corintiana, e hoje exerce a medicina, além de ser articulista de revistas e comentarista de programas de televisão.

Pré-socrático

Sou Sócrates Brasileiro Sampaio de Souza Vieira de Oliveira, nascido em Belém do Pará em 19 de fevereiro de 1954. Tinha cinco anos quando fiz o primeiro ano do primário, ainda em Belém. Minha família chegou em Ribeirão Preto, em 1960, e tive de refazer aquele primeiro ano porque, de acordo com os padrões locais, não tinha idade mínima para uma classe mais avançada. Acho que no Norte o processo era mais liberal.

Estudei no colégio Marista, fiz primeiro e segundo graus lá. Depois, entrei na Faculdade de Medicina, aos dezessete anos. Fiz o curso em Ribeirão Preto, na Universidade de São Paulo, e me formei em 1977. Nesse tempo, já estava jogando futebol. Fiquei dez anos fora da área e voltei a estudar em 1987. Precisei passar por um processo de atualização e durante três anos fiz clínica para pegar a mão novamente. Em seguida, fiz especialização em medicina esportiva na Escola Paulista de Medicina. Agora estou fazendo mestrado lá. Além disso, tenho o curso de administração esportiva da Fundação Getúlio Vargas.

Na minha vida, o futebol foi um acidente de percurso. Gostava muito de esporte e o futebol sempre foi o meu esporte predileto. Quando tinha catorze anos fui jogar no Botafogo de Ribeirão Preto. Jogava no juvenil, toda a turma do colégio foi para lá; eu acabei ficando.

Junior e Sócrates comemoram a vitória contra a Espanha na Copa do México, 1986

A primeira decisão

Logo de cara, no Botafogo, começou uma pressão para que eu me profissionalizasse. Mas sempre achei impossível conciliar os estudos e o futebol.

Nessa época, eu fazia cursinho e logo depois entrei na faculdade. Só aparecia no clube aos domingos, para as partidas. No segundo ano da faculdade, disputava o campeonato amador como juvenil e jogava contra um pessoal bem mais velho.

No final do segundo ano do curso, tive umas férias longas – minhas últimas férias longas – e foi quando resolvi aceitar o convite para tentar conciliar as duas coisas, o que também representaria uma forma de independência em relação ao meu velho.

Mas, sinceramente, eu não acreditava que fosse possível me dedicar aos estudos e ao futebol. Era muito complicado porque minha carga horária era puxada, no mínimo doze horas por dia. Não podia treinar e vivia num regime de absoluta exceção.

Em 1976, no clube em que iniciou a carreira, o Botafogo de Ribeirão Preto

Tudo isso aconteceu no final de 1973. Comecei a treinar com o pessoal assim que voltei das férias e calhou do titular da minha posição fraturar a clavícula. Entrei no time uma semana antes da volta às aulas. Fiquei e acabei levando desse jeito durante quatro anos. Contudo, depois de formado, assumi o futebol como profissão. Antes disso, para mim, era uma tentativa ilógica de conciliar as duas atividades.

Uma das grandes dificuldades é essa: escolher entre duas paixões. No fim, acabei optando pelo futebol, depois me dedicaria à Medicina. O inverso seria impossível.

Só decidi continuar jogando futebol na véspera da residência médica. Fiz a prova, passei e ia fazer ortopedia. Até hoje, lembro da data, 1º de fevereiro de 1978. Um dia antes, eu ainda estava em dúvida. "Vou jogar futebol", decidi. A condição que coloquei para o pessoal do Botafogo foi a seguinte: a primeira proposta que aparecer vou embora, não vou ficar aqui por que já esgotei tudo o que tinha, quero ver até onde posso chegar.

Ídolo sem ídolo

A minha vida toda joguei no meio-campo. Era basicamente um armador que se aproximava do ataque. Sempre acompanhei muito o futebol e obviamente que outros jogadores me influenciaram, não dá para qualificar ou quantificar isso. Eu era santista, acompanhava o Santos direto. Quando o Santos vinha jogar na região, eu exigia que meu pai me levasse. Sempre gostei do Ademir da Guia, do Rivellino, de um monte de gente.

Mas se você me perguntar se eu tinha um ídolo, a resposta é não. Só recentemente tive meu primeiro ídolo esportivo, o Tiger Woods. Nunca joguei golfe na vida, mas é o meu ídolo, ele é um cara que vou atrás para assistir. No futebol nunca tive isso, mas sempre gostei de ver muitos jogadores. O Cruyff, por exemplo. No futebol, como em qualquer área, o barato é ter pessoas melhores que você, estar perto delas é motivador.

Doutor

Minha situação era raríssima no ambiente do futebol. Um cara que estudava medicina e se chamava Sócrates, isso atraía a atenção das pessoas.

Comecei a jogar dando só um toque na bola, recebia e passava, porque não podia ter contato físico, não tinha estrutura muscular para isso, era muito alto e magro. O que pudesse usar eu usava para dar apenas um toque – bunda, joelho, cotovelo e o que acabou por me caracterizar, o calcanhar.

Antiatleta

Quando cheguei ao time principal do Botafogo, eu era um antiatleta. Minha realidade física era muito distinta da dos adversários. Eu comecei jogando contra garotos, depois passei a enfrentar gente grande e bem preparada fisicamente. Minha sobrevivência dependia do desenvolvimento de uma técnica alternativa, diferente daquela a que as pessoas estavam habituadas. Comecei a jogar dando só um toque na bola, recebia e passava, porque não podia ter contato físico, não tinha estrutura muscular para isso, era muito alto e magro.
O que pudesse usar eu usava para dar apenas um toque – bunda, joelho, cotovelo e o que acabou por me caracterizar, o calcanhar. Era um processo de sobrevivência. Foi uma solução minha. Passei a me aprimorar. A sensação que eu tinha era a de não poder errar nenhum passe porque tinha uma total incapacidade física para enfrentar o contato físico.

Contra o relógio

Era comum chegar em cima da hora aos jogos. Não podia deixar de frequentar alguns cursos, tinha mesmo de assistir a certas aulas. Quando jogávamos em São Paulo, Sorocaba, Bauru, eu saía de Ribeirão Preto às seis da tarde e ia para o jogo. A delegação do Botafogo chegava ao local da partida na véspera, e eu só depois. Então houve o episódio do Pacaembu. Nunca havia jogado lá e cheguei em cima da hora, num jogo do Campeonato Paulista, no meio da semana. Não sabia onde ficava o vestiário, o motorista que me levou também não. Disse para ele: "Me deixa aqui que eu compro ingresso, entro no campo e lá resolvo". Dentro do campo, comecei a perguntar onde era o vestiário, aí um cara falou que era do outro lado. Talvez tenha sido a única vez na vida que corri

A não comemoração dos gols começou como uma reação contra uma atitude da torcida. Havíamos perdido uma partida e, na seguinte, ao fazer um gol, não vibrei. Era a forma que encontrei para comunicar: "Olha, não gostei do que vocês fizeram no jogo passado".

para jogar bola. Nem em campo corria tanto. A essa altura, tive de negociar com um porteiro; disse a ele que iria jogar e ele não acreditou, deu uma risadinha. Mas o mesmo porteiro aceitou chamar alguém do Botafogo – acho que sentiu que eu realmente pertencia ao grupo. Me identificaram, ele me deixou entrar e joguei. Isso foi em 1974, no primeiro Campeonato Paulista que disputei.

Rumo ao Parque

Durante os anos de faculdade, apareceram umas quarenta propostas. Mas era um período em que não queria sair do Botafogo, nem podia, eu precisava me formar. Por outro lado, lamentei que a proposta de 1978 só tenha ocorrido no final de agosto, depois da Copa. Eu torci como um louco para ir para algum outro time antes, achava que tinha chance de jogar a Copa, até porque fui um dos quarenta jogadores pré-convocados.

Se eu estivesse em São Paulo, Rio ou Porto Alegre teria mais chances. Naquela época, não havia a comunicação que existe hoje. Atualmente, jogar no interior é quase a mesma coisa que jogar na capital, as pessoas sempre te veem jogando.

Concretamente, a proposta para me transferir para o São Paulo só aconteceu em agosto. O São Paulo chegou aqui, fez um lance para o Botafogo, os dois clubes se acertaram. Eu não fiquei sabendo. Ainda não tinham nada para conversar comigo, porque o São Paulo havia pedido um prazo de uma semana para viabilizar economicamente o processo que, por sua vez, tinha também relação com o Corinthians. São Paulo e Corinthians estavam fazendo negócio. Acredito que o então presidente do Corinthians, Vicente Matheus, tenha sabido da investida do São Paulo, resolveu furar os dois negócios, veio direto aqui e num único dia resolveu tudo, exatamente no dia seguinte ao término do prazo dado ao São Paulo. Aí fui embora.

Sócrates e Casagrande, no Corinthians, 1982

Vox populi

Vesti a camisa do Corinthians pela primeira vez no Campeonato Paulista de 1978. Foi marcante quando comecei a não comemorar os gols que fazia. Na verdade, eu estava criando uma comunicação com o meu público.

A não comemoração dos gols começou como uma reação contra uma atitude da torcida. Havíamos perdido uma partida e, na seguinte, ao fazer um gol, não vibrei. Era a forma que encontrei para comunicar: "Olha, não gostei do que vocês fizeram no jogo passado". A torcida tinha reagido de forma agressiva, então mostrei dentro do campo que não estava satisfeito com aquela reação. Era como se dissesse: "Vamos jogar aberto: eu sou assim, quando acho ruim alguma coisa mostro, digo, do meu jeito de se expressar".

Quando alguém trabalha com o público tem que saber se relacionar com ele, senão está jogando fora um grande potencial. Quem ganha um espetáculo é quem o público quer, por isso é preciso saber trabalhar essa psicologia coletiva, essa energia coletiva. Eu tinha que criar uma comunicação com o meu público para de alguma forma trabalhar junto com ele e não contra ele, caso contrário estaria prejudicando o meu trabalho e de todo o time.

É preciso ter consciência da importância e do poder da presença do público. Ele derruba e levanta o time, você tem que saber trabalhar isso, quem está no campo tem que saber o que é isso, pois se você conseguir criar essa comunicação e potencializar aquela energia é muito mais fácil. No Corinthians então é aquela coisa emocional, uma loucura. Se você não racionalizar... A minha perspectiva era "para colocar rédea nisso aqui vamos trabalhar direito". Todo

A ação política que desenvolvi, em uma área pouco explorada, o futebol, chamou a atenção de todo mundo. Claro, imagine que no clube mais popular do Estado mais rico do país tem um louco chamado Sócrates efetivando um processo político lá dentro.

aquariano, como eu, passa a vida criando novidades. Para mim, era fundamental estabelecer essa comunicação. Nos quinze anos em que trabalhei com o futebol sempre foi assim. De certa forma, significa ter uma noção crítica sobre essa relação. Não é uma coisa que acontece da noite para o dia. Na verdade, cria-se um vínculo afetivo. Você vai criando uma relação e eventualmente cria uma relação muito legal. Às vezes não acontece porque você fica pouco tempo no lugar. É difícil se comunicar com muita gente ao mesmo tempo, com uma pessoa já é difícil, imagine com centenas de milhares.

O grande jogo

Procuro viver qualquer experiência de vida que me surja. Para mim, o fundamental é adquirir conhecimento. O fato de ir para São Paulo me deu uma perspectiva que jamais teria no interior. Conviver com a intelectualidade brasileira foi a minha grande paixão naquele período. Eu não perdia uma chance de estar junto de gente que tinha uma cabeça boa. Convivi muito com o Washington Olivetto, o Flávio Gikovate, o Lula, o Eduardo Suplicy, pessoas que tinham histórias de vida muito diferentes da minha. Nesse aspecto, sou parecido com o Lula, gosto de aprender e usufruir desse aprendizado, dessa convivência, qualquer que seja ela, pois considero que as pessoas, de uma forma geral, são uma fonte inesgotável de conhecimento. E isso foi a maior riqueza que adquiri indo para São Paulo.

O resto é consequência desse amadurecimento, do aumento do conhecimento e também do amadurecimento de algumas posições. A ação política que desenvolvi, em uma área pouco explorada, o futebol, chamou a atenção de todo mundo. Claro, imagine que no clube mais popular do Estado mais rico do país tem um louco chamado Sócrates efetivando um processo político lá dentro. Isso cria uma dimensão muito maior do que deveria ter.

O ambiente de ditadura militar potencializou ainda mais o processo. Você tem um cara num meio popular pregando uma coisa que é contra a realidade política do país e mobilizando toda essa galera, ou seja, eu era um porta-voz talvez maior do que qualquer outro. Todo mundo me escutava, eu tinha um meio de comunicação que ninguém tinha. O Ulysses Guimarães, por exemplo, um símbolo da campanha pela redemocratização, não tinha a mesma facilidade que eu para se comunicar com o público. Cada um faz política de um jeito, só que ali, no Corinthians, havia uma ressonância maluca. Na verdade, tudo aconteceu em função do meio em que eu estava atuando e da sensibilidade que desenvolvi ali dentro.

De pé: Paulinho e Zenon. Agachados: Sócrates, Casagrande e Biro-Biro. Foto para a reportagem "O time mais original do Brasil", revista *Placar*, 1982

O que está acontecendo no Brasil?

Nasci tarde, gostaria de ter nascido dez anos antes. No período do golpe militar, eu tinha dez anos, não pude vivenciar, quer dizer, se nessa época eu tivesse trinta ou vinte anos, provavelmente, teria outra vida, bem diferente, talvez nem tivesse passado de 1968. Comecei a ter uma noção clara das questões que me incomodavam quando entrei na faculdade, aos dezoito anos. Foi quando comecei a viver um pouco mais a realidade do país.

Foi um despertar. O que está acontecendo no Brasil? Comecei a vivenciar a realidade naqueles seis anos de curso universitário. Foi ali que nasceu uma postura, uma posição, um lema de vida. Ainda sem conteúdo, sem muita consciência, sem estar maduro.

Quando cheguei em São Paulo, tudo aquilo estava pipocando. Foi o período certo, passei a ter acesso a mais conhecimento, mais informação, ainda que sem maiores elaborações. Comecei a montar isso rapidamente, em um ano consegui definir quem eu era, o que pensava e o que queria. Era a época da anistia, da fundação do PT, de tudo.

Lei do silêncio

Quando estava em Ribeirão Preto, fiquei quarenta dias sem falar com a Rede Globo local. Quando fui para o Corinthians também fiquei quarenta dias sem falar com a Globo. Eu tinha algumas posturas claras: jamais permiti, por exemplo, que meus filhos participassem da minha vida pública, da vida do persona-

Copa da Espanha, 1982

Ao contrário de outros que abrem a porta para qualquer um, meus filhos nunca apareceram na televisão. Nenhum deles teve relação com o personagem Sócrates, tanto que hoje a maioria é são-paulina. Eles acompanharam mais a vida do tio, o Raí, não a do pai.

gem Sócrates, que jogava futebol. Num certo dia, à época da especulação se eu iria ou não para a Itália, a reportagem da emissora foi entrevistar meu filho, que tinha dois anos, na porta da escola. Ele mal sabia falar. Quando fiquei sabendo disso, mandei avisar o repórter: "Não falo mais com vocês". E fiquei quarenta e cinco dias sem falar com a Globo, jogando no Corinthians. O que isso representa? Um confronto entre um cara, um indivíduo, que tem um monte de opiniões, contra o maior poder do país. Mas a causa me dava vantagem.

Nessa época, a Globo era bem mais poderosa do que hoje. Ao contrário de outros que abrem a porta para qualquer um, meus filhos nunca apareceram na televisão. Nenhum deles teve relação com o personagem Sócrates, tanto que hoje a maioria é são-paulina. Eles acompanharam mais a vida do tio, o Raí, não a do pai. Aí é que está, se você não tem independência não consegue travar essa briga, não tem coragem para tanto.

Estava pouco me lixando para as consequências, era uma coisa interna, quer dizer, a minha convicção de que essa minha relação é mais importante do que qualquer outra. Esse é o símbolo de tudo, a liberdade, a independência, isso é básico para mim. Se acredito em alguma coisa e, de alguma forma, tentarem deturpar isso, não vou deixar, não importa com quem vai ser a briga. Essa relação sempre foi conflituosa porque nesse meio existe muita dependência, seja ela política, econômica ou social.

É um meio todo pervertido. As pessoas nunca jogam aberto, a relação da mídia com o atleta, com o dirigente... Nunca aceitei isso. Você tem o poder, não tem? Eu também tenho, sou mandatário de um cargo que não tem nome, mas não é simples não, porque tenho milhões de pessoas que me ouvem e você é o veículo que vai divulgar isso. Você não pode me sacanear, tem que me respeitar, não pode invadir meu espaço e vou preservá-lo até o fim. Temos que conversar de igual para igual, saber tratar os dois lados de forma clara e respeitosa – você tem a sua opinião e eu tenho a minha, vamos discutir.

Sócrates na época da Democracia Corintiana, no jogo contra o Juventus, no estádio do Pacaembu, pelo Campeonato Paulista, 1982. Na camisa, propaganda para as eleições, a primeira para governador de São Paulo desde 1966

A Democracia

A Democracia Corintiana talvez tenha sido a experiência mais democrática da história do Brasil. Digo isso comparando a qualquer outra experiência, seja institucional ou não. Nada foi tão democrático quanto aquilo. Pode ter havido alguma coisa parecida ou igual, porém mais democrática nunca existiu.

Era tudo no voto, este foi o grande exercício que desenvolvemos e, é claro, era muito mais simples porque se tratava de uma sociedade pequena, com cerca de trinta pessoas participando – dezesseis decidiam por um lado ou por outro. Mas isso era exercido tão frequentemente que criou uma relação, um vínculo muito forte entre as pessoas. Mesmo perdendo qualquer votação, as pessoas tinham compromisso com as outras, e o resultado coletivo é o que interessava.

A Democracia Corintiana nasceu numa crise, e em todo momento de crise, principalmente em um ambiente popular como o futebol, geram-se soluções radicais. Estava quase terminando o ano de 1981 quando houve uma mudança de diretoria. Entrou o diretor Adilson Monteiro Alves, que é sociólogo e não entendia porra nenhuma de futebol. E o primeiro discurso dele foi bem esse: “Não entendo nada disso, vocês precisam me ajudar a administrar”. Eu falei: “Nós temos uma solução, vamos começar a exercer”.

Não tinha nada definido. Nem o nome. Mas havia uma ideia – nós queremos participar do processo. Quem tinha uma visão semelhante à minha era o Vladimir. Todo mundo tinha que decidir as coisas. Por que tudo tem de ser de cima para baixo? Era o que pensávamos. O Adilson pegou o espírito, topou e começamos a colocar em prática. Aos poucos, encaminhamos tudo para o voto. O nome apareceu no meio do processo.

Nosso movimento havia ultrapassado as fronteiras do clube, já era um discurso político. O nome apareceu em um debate na PUC de São Paulo. Lá, o jornalista Juca Kfouri perguntou: “O que vocês estão fazendo no clube?”. Começamos a discutir e relatar o que estávamos realizando. Então, o próprio Juca respondeu: “Vocês estão fazendo democracia”.

Mas, quem pescou tudo mesmo e acertou na mosca foi o Washington Olivetto, que estava junto e sacramentou: “Democracia Corintiana, esse é o nome”. Para quem não se lembra, democracia, naquele momento, era uma palavra que representava um sonho.

Sócrates escapa da marcação escocesa em Sevilha, Copa de 1982. Brasil 4 x 1 Escócia

Eu fui quem mais se expôs porque era o cara mais articulado para defender nossas ideias. Quer dizer, se alguém fosse conversar com outro jogador, uns mais, outros menos, não tinham base política para defender o processo. E eu sempre me coloquei claramente. Ali estávamos no meio de um movimento, que era um movimento revolucionário, mas antes disso já me colocava como deputado sem pasta para a torcida corintiana. Isso incomodava todo mundo pra cacete, eu falo pelo meu povo, não por mim, e ia cutucando.

Quando se criou um movimento no seio de um dos clubes mais populares do país, o único cara articulado e que jogava na Seleção era eu, todo mundo vinha em cima de mim, eu era o anteparo, tinha que segurar a barra. Talvez, por isso, eu tenha aparecido mais. Mas o processo era absolutamente sem poder, ninguém tinha o poder, cada um tinha direito a um voto, o voto do diretor de futebol tinha o mesmo peso que o do terceiro goleiro.

Do ponto de vista institucional, o presidente do clube era o Valdemar Pires, indicado pelo então vice-presidente Vicente Matheus, que não podia mais ser candidato à presidência, mas acreditava que iria continuar governando. O que se deu foi que Valdemar Pires rompeu com ele. Na verdade, o Valdemar foi quem disponibilizou o espaço para a gente.

Em 14 de setembro de 1983, Copa América, Sócrates defende o Brasil contra a Argentina, 0 x 0

Havia uma perspectiva prática que era a questão dos resultados. Em qualquer esporte coletivo é assim: se você cria uma relação humana adequada, a capacidade do atleta é potencializada. Quer dizer, as pessoas nem sempre têm noção de que a força coletiva tem mais potencial do que a individual, principalmente em um país como o nosso, que tem uma carência cultural nesse aspecto.

O mundo que criamos ali gerou uma força coletiva fodida, o que nos deu chances de ganhar dois campeonatos. Era um time tecnicamente razoável, mas que potencializou muito as capacidades individuais de cada um, em função da relação que criamos. Não só pelo ambiente, mas também pelas pressões que vinham de fora. Isso de alguma forma mexe com a capacidade dos jogadores, há um esforço para se superar.

Aquele movimento virou uma referência nacional. Sem muita articulação ou organização, havia uma predisposição popular de lutar pela redemocratização. O grande resultado daquele momento foi provocar a discussão sobre a história política do país e sua realidade, foi ampliar os horizontes da discussão. E onde normalmente se faz isso? Junto aos formadores de opinião, que é uma coisa restrita. Discutir esses temas num meio como o futebol amplia consideravelmente o espectro da discussão. Quer dizer, ela chega a pessoas que têm

A Democracia Corintiana talvez tenha sido a experiência mais democrática da história do Brasil. Digo isso comparando a qualquer outra experiência, seja institucional ou não. Nada foi tão democrático quanto aquilo. Pode ter havido alguma coisa parecida ou igual, porém mais democrática nunca existiu.

menos informação, menos educação, menos tudo, porque é um meio popular. Acho que esse foi o principal benefício do movimento, ter possibilitado a mais gente discutir política. De futebol, no Brasil, todo mundo entende. De política, não, porque a maioria não tem cultura. Mas se você juntar as duas coisas, pode-se educar muita gente e provocar transformações na sociedade.

Fim de partida

Todas as forças, digamos conservadoras ou reacionárias, queriam nos derrubar. Tinha um processo de tentar estigmatizar, rotular e desmoralizar tudo. Do outro lado, estavam as forças progressistas, fechadas com a gente. Tudo isso criou um vértice de discussão que foi o grande barato da coisa. Na minha concepção, o desfecho do que criamos acontece com a votação no Congresso da emenda das *Diretas já*.

Fiquei frustradíssimo, porque acho que ali era o momento do país decolar, tenho essa convicção até hoje. Nós estagnamos. Estava todo mundo mobilizado para uma coisa simples e não teve continuidade. Foi uma frustração geral: a emenda das Diretas não passou.

Penso também que nosso movimento morreu por vários motivos. Primeiro, porque quem tinha mais cara para bater era eu, e logo depois da derrota da emenda, fui embora do país. Segundo, talvez para compensar minha saída, a sociedade que havia mudou muito – o Corinthians contratou uns dez jogadores. Num grupo de trinta pessoas, se você muda dez, o que passa a existir é outra sociedade. São outras cabeças, outra experiência. Progressivamente, o movimento foi sendo minado. A candidatura do Adilson Monteiro Alves à presidência do clube, em 1985, foi a tentativa derradeira de preservar aquilo tudo. Mas ele perdeu a eleição. Acabou.

Copa do México, 1986, Brasil 1 x 0 Espanha, gol de Sócrates

Perder é vencer

A Seleção Brasileira de 1982 foi o grande time em que joguei. Foi um privilégio participar da minha primeira Copa jogando naquele time, sobretudo porque

Todo mundo valoriza pouco o que digo, mas a gente só aprende quando perde, quando sofre. Se vencesse, ia ser só campeão do mundo e não teria crescido tanto quanto com aquela derrota, foi uma coisa fantástica

era o capitão. Ser capitão da Seleção numa Copa talvez tenha sido a maior honra que tive na vida. É o sonho de todo atleta disputar uma Olimpíada ou uma Copa. É raríssimo ter essa possibilidade. Além disso, as condições em que disputei a Copa foram excepcionais.

Ouvir o Hino Nacional na abertura da Copa como capitão do time: não existe nada mais emocionante. Porque eu estava ali não só como jogador, mas como capitão, representando a nação. Para mim, foi uma experiência excepcional. E o trauma foi proporcional. Era um sonho, estávamos no auge e... acabou. Acaba porque é um esporte em que se pode perder. E essa derrota foi uma das experiências mais ricas que tive na vida.

Lições de abismo

Todo mundo valoriza pouco o que digo, mas a gente só aprende quando perde, quando sofre. Se vencesse, ia ser só campeão do mundo e não teria crescido tanto quanto com aquela derrota, foi uma coisa fantástica. Acho que todo o país cresceu com aquela porra. Nós somos aquilo: uma coisa meio irracional, baseada na liberdade, na independência, na criatividade e na beleza. E naquele momento a gente se viu impotente, sem condições de valorizar isso como expressão máxima da nossa cultura. Foi total nosso sentimento de derrota. No entanto, paradoxalmente, aquele time é reverenciado no mundo todo, muito mais do que no Brasil. Não sabemos valorizar o resultado estético.

Viagem vertical

Telê Santana foi o técnico mais democrático com quem trabalhei. Criamos uma relação excepcional, até porque convivemos durante muito tempo. E ali tinha um grupo de pessoas que, não sei se era intuitivo, se era direcionado, mas com certeza eram pessoas muito esclarecidas. Todos escolhidos pelo Telê. Talvez tenha sido o único grande grupo intelectual que a Seleção teve. Coincidiu. Conseguimos criar uma puta relação legal; agora, quem vive uma experiência como aquela, sofre estímulos gigantescos de todo tipo.

Nós chegamos à Espanha para a primeira fase da Copa e havia uma legião de jornalistas brasileiros nos acompanhando, não sei exatamente quantos, mas era uma legião. Ao passarmos para a segunda fase, a essa legião somaram-se duas de jornalistas estrangeiros. Para se ter uma ideia, sair do treino e ir para o vestiário era um percurso que levávamos no mínimo uma hora e meia, duas horas, tamanha a quantidade de entrevistas que dávamos. É possível imaginar a sensação das pessoas que estavam envolvidas naquilo lá?

O cara vira um personagem mundial da noite para o dia. Algumas pessoas têm mais ou menos preparo para isso. Essa situação cria uma fragilidade que é absolutamente humana. A reação das pessoas é complicada. Tem gente que possui mais estrutura e consegue perceber que aquilo é uma coisa virtual, outras pessoas não, convivem com a situação como se fosse a coroação final. Não dá para generalizar, ao mesmo tempo é muito difícil saber o que se passou na cabeça de todo mundo. É uma coisa muito louca.

Foi o maior trauma que tive na vida e, ao mesmo tempo, a maior lição. Voltemos um pouco no tempo. Quando resolvi jogar futebol, meu sonho era jogar uma Copa do Mundo. Quatro anos depois da minha decisão, cheguei lá como capitão do time. Preparei-me durante quatro anos para isso, era a formatação final de um processo. Chegando lá na Copa, de uma hora para outra te tomam isso, te viram o disquete, porra, dá um vazio tão maluco que talvez seja semelhante – ainda não vivi isso – à perda de uma mãe, um vazio absoluto. E agora?

É como se você saísse do zero tendo que reavaliar milhares de coisas na tua cabeça. Quais são os parâmetros, o que você quer da vida, tudo é rediscutido.

Coração doente

A maior lembrança que tenho da Copa de 86 é a dor. Primeiro, porque o coração do time de 82 estava lá também, mas era um coração doente, com as coronárias semientupidas.

Eu acompanhei, por exemplo, o esforço do Zico para poder jogar, aquela coisa maluca, e eu, a duas semanas da Copa, estava com dor muscular, passei dois meses com ela, uma dorzinha chata que tirava a potência do músculo. Eu

Companheiros: Junior comemora o gol de Sócrates, na vitória de 1 x 0 contra a Espanha, 1986. E ao lado de Zico, na concentração, em 1982

estava no time reserva, não conseguia jogar, mas a dor foi localizada, conseguimos resolver. Fiquei zerado e em uma semana de treino consegui pegar meu lugar de volta, e exatamente uma semana depois apareceu uma dor lombar, que era uma hérnia de disco que, logo depois da Copa, operei.

Convivi toda a Copa de 86 com a dor. Então, era uma situação diferente, quer dizer, foi legal pra caramba, mas era outra sociedade, outras pessoas, não tinha a mesma intimidade de quatro anos antes. Acho que o máximo foi em 1982, o resto foi menor.

Só perde quem bate

No caso do pênalti no jogo contra a França, o Zico era nosso batedor oficial; quando ele não estava em campo, era eu. Tanto que na partida anterior, contra a Polônia, eu bati. Na televisão, o João Saldanha criticou quando perdi o pênalti contra a França. Contra a Polônia a bola entrou, se entrou é porque bati bem. Os critérios de avaliação são muito subjetivos.

Brasil 1 x 1 (3 x 4) França
A disputa aconteceu em Guadalajara, em 21 de junho. A França, comandada por Platini, pôs fim ao sonho do tetracampeonato brasileiro. No tempo regulamentar, a partida acabou empatada , com gols de Careca e Platini. Nos pênaltis, Sócrates e Júlio César desperdiçaram as cobranças. O vilão do jogo, no entanto, foi durante muito tempo o atacante Zico, que perdeu um penâlti no segundo tempo do jogo.

O problema é o seguinte: a Rede Globo sobretudo vende a ideia de que o Brasil vai ser campeão sempre, se não for tem que arrumar algum culpado. A emissora está vendendo um peixe para uma multidão: o Brasil vai ser campeão. Agora, e se não for? Tem que ter algum culpado, tem que ter alguma razão. Pênalti só perde quem bate. Dizem que o Zico estava frio. Pô, que frio! Para bater pênalti você precisa estar quente? Se eu levantar da cama e for bater pênalti, faço 99 e erro um. Mas ou erro ou faço, não tem meio-termo.

Na verdade, aprendi a bater pênalti no último ano de carreira. Três anos depois de parar ainda estava desenvolvendo algumas técnicas. Tive que aprender sozinho, já que nunca ninguém me ensinou a bater, nunca tive professor para isso. Aliás, ninguém nunca teve professor, a não ser o meu time, o Cabo Frio, onde ensinei um cara a bater pênalti como eu acho que deve ser batido. Na minha opinião, só existe uma situação ideal: você toma a menor distância possível da bola, mantém o goleiro parado e acerta no canto. Ele nunca vai chegar porque não existe reflexo humano capaz de fazer isso, muito menos impulsão.

Brasil 4 x 0 Polônia
Válida pelas oitavas-de-final da Copa de 86, a partida foi realizada no dia 16 de junho de 1986, em Guadalajara. Foi o melhor jogo brasileiro na Copa. Os gols foram anotados por Sócrates, Josimar, Edinho e Careca.

Na época da Copa de 86 estava usando uma técnica que se mostrou absolutamente suscetível a erro. Eu ameaçava chutar e esperava o goleiro definir o

No último comício pelas Diretas, disse que não iria embora do Brasil caso a emenda passasse. Mas me frustrei demais. Foi uma das vezes em que mais chorei na vida, era uma da manhã, fiquei sabendo o resultado – na época não era possível ouvir a votação –, fiquei arrasado e decidi ir embora. Defini ali.

canto, porque em geral os goleiros pulam antes de você bater; eu não olhava para a bola, para poder escolher o canto e jogar num ou noutro. Se o goleiro escolhesse um canto não tinha erro; só que naquele momento o goleiro francês não escolheu nenhum, ficou parado. Eu poderia abortar o chute, só que uma situação dessas é de estresse, você está prestes a tocar na bola e o goleiro não se mexe. Podia virar as costas, mas isso ninguém faz. Aí eu tive que escolher um canto, quer dizer, não podia arriscar muito. Eu nunca jogava num cantinho, jogava sempre no meio de um lado, porque, em tese, o goleiro já havia caído para o outro. E ele pegou. Só no final da carreira, descobri a melhor solução: não olho mais para o goleiro, escolho o canto, fico do lado da bola, deixo ele parado, e pom! Só perco se errar o gol.

Capa da revista *Placar* nº 727 de 27 de abril de 1984

Devo ser o único cara pretensioso o bastante para falar que existe um método ideal para bater pênalti. Ninguém nunca discute qual é a maneira ideal. Ideal é a bola entrar! Aquele que bate devagar, outro que bate correndo, dá porrada, tem uma porção de maneiras. A bola tem que entrar. Agora, o método ideal nunca ninguém se meteu a falar "é o ideal". Estou sendo pretensioso, todavia aperfeiçoei isso durante toda a carreira e agora é um método. Na Copa, estava aprendendo ainda, tinha chance de erro, claro.

Comemoração comunista

No último comício pelas Diretas, disse que não iria embora do Brasil caso a emenda passasse. Mas me frustrei demais. Foi uma das vezes em que mais chorei na vida, era uma da manhã, fiquei sabendo o resultado – na época não era possível ouvir a votação –, fiquei arrasado e decidi ir embora. Defini ali. Nem havia uma proposta séria da Fiorentina, existiam conversas, mas não tinha nada fechado. Mesmo assim resolvi ir. Briguei com o Corinthians para ir embora, invadi uma reunião de dirigentes para dizer: "Eu vou embora!".

Sócrates em sua temporada italiana, 1984/85, vestindo a camisa da Fiorentina

"Resolvam aí a questão de grana, e agora, porque eu vou embora, vocês queiram ou não. Se não for para a Fiorentina, vou para outro lugar, vou largar essa porcaria. Não adianta nem negociar muito." Sempre fiz isso. Por que pressionei o lado do Corinthians? Porque o clube estava querendo valorizar o produto que tinha. E eu só esculhambo essas coisas.

Seria muito melhor se tivesse ido para Roma ou Bolonha. Florença é um museu, coisa velha mesmo, e eu gosto de coisa nova, de mudança. Em Florença não acontece nada, é só informação velha. Para se ter uma ideia, no ano em que cheguei, aconteceu uma turnê do Bob Dylan na Itália. Tive que ir a Bolonha assistir, a turnê não podia passar por Florença. A cidade foi feita para coisas velhas. Tem coisas interessantíssimas também, claro, vi *La Traviatta* lá. Mas é para isso que Florença serve. É uma cidade provinciana, pequena, e não estava habituada a conviver com um louco feito eu. Falo louco porque obviamente existem diferenças brutais entre a cultura italiana e a brasileira. Só que não me rendo àquilo, tenho meu modo de vida. No mesmo dia em que cheguei surgiu o primeiro grande conflito – a principal razão, na verdade, de todos os outros. Todos lembram como era o meu gesto de comemoração. Lá, era o símbolo do PCI, Partido Comunista Italiano, e eu não sabia.

Fiz o gesto, cumprimentando o público. Logo depois, fomos almoçar e o presidente da Fiorentina veio falar comigo: "Por que você fez aquele gesto?". "Porque aquilo sou eu, é o meu símbolo de vida." Ele insistiu: "De onde vem isso?". "Não sei exatamente, mas dá para lembrar, por exemplo, os movimentos dos negros na Olimpíada do México, em 1968, tem a ver com um monte de coisas, é um símbolo, sei lá, uma comunicação com o público, qualquer que seja a comunicação." Daí me perguntou se eu sabia que aquele era o símbolo do Partido Comunista Italiano. E eu fulminei: "Não, mas adorei".

Ele olhou para mim contrariado. Dez minutos depois, no final do almoço, retomou a conversa. Disse que queria me convidar para o casamento ou aniversário (não tenho certeza) da filha, na casa dele, um castelo, dali a vinte dias. Respondi: "Agradeço o convite, obrigado, mas não vou. O que vocês vivem não é o meu ambiente, prefiro não ir. Não é para mim, gosto de liberdade, gosto de estar junto do povo, esse negócio não é comigo, não". Só depois pude entender a distância que havia entre a minha postura e a dele.

O braço erguido e o punho cerrado, emblema da Democracia Corintiana

Daí o cara começou a me sacanear. Vinte dias depois, exatamente o dia do evento da tal filha, fui convidado a participar de um debate na Casa del Popolo de um *quartieri* qualquer, mas que era controlado pelo PCI. Para debater sobre futebol. Cada *quartieri* tem o seu centro político-administrativo – é bem democrática a estrutura deles, bem descentralizada. "Esse é o ambiente de que gosto", comemorei. "Vou nessa."

O debate era no mesmo dia e hora da festa da filha do cara. Na mesa, estava um diretor da Fiorentina, e eu metendo o pau. Pretensioso, foi a primeira vez que me atrevi a falar italiano em público – antes só me pronunciava através de intérprete. Na plateia, cinco mil pessoas. Com o meu "portuliano", achei que os caras estavam me entendendo. Meti o pau no meu diretor e, indiretamente, no presidente também: "Isso aqui é muito paternalista, coisa de reacionário essa porcaria". Aí virou uma guerra mesmo. Fui entendido.

Fiquei um ano na Fiorentina. Fora o período do inverno, fiz uma boa campanha. No inverno não consegui jogar, mas na primavera e no outono joguei pra caralho. Mas o time era uma bosta, havia uma puta guerra, aquela situação

Na verdade, aprendi a bater pênalti no último ano de carreira. Na minha opinião, só existe uma situação ideal: você toma a menor distância possível da bola, mantém o goleiro parado e acerta no canto. Ele nunca vai chegar porque não existe reflexo humano capaz de fazer isso, muito menos impulsão.

que você não consegue imaginar que é possível. O time estava dividido: tinha cinco caras de um lado, quatro de outro, o goleiro e eu. Os cinco daqui não passavam a bola para os quatro de lá, os quatro não davam a bola para os cinco, e os dois grupos não passavam para mim. Como é que se joga num time desses? Os caras não trocavam bola, não se olhavam, não se cumprimentavam. Era uma zona. Esse foi o time em que caí. Não tinha como andar.

Torcer na curva

Teve muita coisa legal, mas a guerra com esses inimigos no próprio time foi constante. Ao contrário do Brasil, lá você não tem comunicação com o seu público, a imprensa é toda manipulada pelos dirigentes. Naquela época, 1984, 1985, só era publicado o que o cara mandava, não sei como está hoje. O Zico foi jogar em Florença, pela Udinese, e eu estava machucado. Um dia, combinei de assistir a Udinese contra a Fiorentina, pegar o Zico no final da partida e trazê-lo para jantar em casa. Cheguei no estádio com dez minutos de jogo, estava de chinelo, *short* e camiseta. Entrei e fiquei no alambrado. Acima ficava a tribuna, as pessoas de terno e gravata. Não demorou muito, eu estava tranquilo, quando me descobriram. Aí o pessoal da tribuna começou a me chamar, não um cara só, a tribuna inteira: "Dottore, dottore, vieni qui". Um amigo, não lembro o nome dele, italiano, gordão, um humorista fodido, a quem fazia tempo que não via, estava lá.

Chega o intervalo: "Prendiamo una birra?", ele disse, e fomos até o bar tomar cerveja. O pessoal da tribuna também desceu e continuou a insistir: "Dottore perché non va con noi?", e eu: "Não, não, está bom aqui". Ficamos tomando uma cervejinha, o intervalo quase terminando, falei para o meu amigo: "Caro, ci andiamo a la curva?". "Curva?", ele se espantou. Porque "curva" é atrás do gol, onde fica a molecada, onde tem o ingresso mais popular, mais barato. "Vamos lá, pô, você já foi na *curva*?" "Não." "Deve ser legal assistir ao

Sócrates contra a Irlanda, na Copa do México, 1986. Vitória por 3 x 0

jogo junto com a molecada." E fomos para lá. Havia três portões para transpor até chegar na "curva". Quando chegamos no terceiro, o público já estava embaixo esperando a gente.

Como esse amigo era muito popular na Itália, virou uma festa. Ficamos no meio da galera e o nosso time ganhou, nosso time era uma baba e conseguiu ganhar o jogo. No dia seguinte, os jornais estampavam: "Fiorentina manda o Doutor para acalmar a torcida".

A manipulação da mídia era impressionante. Alguns meses depois, quando já estava brigando com eles, fiz negócio com o Luciano do Valle para jogar na Ponte Preta. Foi um acordo por telefone, rescindi com a Fiorentina e quando cheguei no Brasil estava tudo furado. Voltei para a Itália para encher o saco, porque eu perdera a liberdade para trabalhar, na época havia o tal passe. Sem ele não conseguia trabalhar em lugar algum.

Fiquei quatro semanas numa praia italiana. A mídia ia lá e eu insistia que queria ir embora. Eis que um jornal nacional de esportes, o *Gazzetta dello*

Sport, sai com uma manchete colocando na minha boca que chamara todos os torcedores da Fiorentina de palhaços. Estava na casa de um amigo, ele me mostrou a manchete, eu disse: "Isso é uma puta sacanagem, não falei isso". Começaram a me ligar direto. Tinha um jogo da Fiorentina de pré-temporada em Viareggio. "Vamos ao jogo." Esse amigo espantou-se: "Você ficou louco?". Expliquei que era a única forma de me expressar diante daquele absurdo. Disse ainda que se ninguém quisesse, iria sozinho. Fui ao jogo com dois amigos.

Cheguei no estádio, metade do público queria me massacrar, a outra metade me protegia. Sentei na "curva". Era o único jeito que eu tinha para demonstrar que não falara aquela besteira. Assisti ao jogo e dei minha resposta ao público. A imprensa não me interessava. O público viu que eu estava junto dele assistindo à partida.

Minutos finais

Depois de brigar pela minha liberação, fui para o Flamengo. Lá foi uma quebradeira só. Na primeira semana de clube, quebrei a tíbia. Voltei a jogar no início de 1986, fizemos uma excursão ao Oriente Médio, em seguida um Fla x Flu, primeiro jogo do Campeonato Carioca. Aí fui para a Seleção Brasileira. Zico, eu, todo mundo. Voltei da Copa com hérnia de disco e fui operado, ficando três meses fora. Só voltei a jogar em outubro de 1986, no fim do campeonato brasileiro. O técnico do Flamengo era o Sebastião Lazzaroni.

Depois da cirurgia de hérnia, minha capacidade ficou razoavelmente limitada. Terminado o Campeonato Brasileiro, reuni a comissão técnica, todo mundo do Flamengo, e expliquei que estava limitado fisicamente, que se colocassem para jogar um moleque, tipo o Zinho, que estava começando, alguém para correr, para marcar, então daria para jogar; agora, se eu tivesse de marcar, ficaria difícil. Sabe a solução que o Lazzaroni encontrou? Me pôs no banco. Fizemos cinco amistosos no intervalo entre o Campeonato Brasileiro e o estadual. Jogamos em Florianópolis contra o Avaí, em Uberlândia, cinco jogos, em todos eu fiquei no banco. Quando entrava o time melhorava. Mas não falei nada, fiquei lá.

Primeiro jogo do estadual, contra o Itaperuna, aquela preleção antes, ainda no hotel. Vi que tinha ficado de fora de novo. O Lazzaroni estava terminando a preleção, quis saber se havia alguma pergunta, e eu, que estava lá no fundo, pedi a palavra: "O que você entende por justiça?", perguntei. Ele enrolou, não conseguia falar nada. "Já entendi", fechei a conversa, saí, fui embora da preleção. No jogo, ele me coloca em campo faltando dois minutos para terminar. Estava 2 x 0 para o Itaperuna. Aí, o cara que estava ao meu lado no banco, não lembro quem, falou: "Você vai entrar, Magrão?". "Vou, é minha despedida, pô!"

Entrei e joguei os dois minutos. No primeiro treino depois da partida, cheguei no campo, troquei de roupa – essa foi divertida demais – e não havia falado nada a ninguém, só para esse cara, que achou que não era verdade. No meio do treino, falei: "Estou saindo". Tirei a chuteira, enfiei na lixeira, virei para trás e disse: "Nunca mais jogo essa porcaria".

Volta para casa

Já estava velho demais quando fui para o Santos, em 1988, aos 34 anos. Na verdade, voltei a jogar por causa da minha situação pessoal, me separei, minha vida virou uma bagunça. Estava fazendo estágio e não tinha me decidido sobre que especialidade faria, estava perdidinho. Resolvi voltar para onde conhecia, dar uma respirada. O futebol foi uma terapia. O convite inicial foi do Corinthians, não do Santos, mas como me dispus a conversar, o Santos veio em seguida. "Vou pôr um pé aqui, respirar e ver para onde vou andar", pensei. Foi superlegal. Além de tudo, tinha sido santista na infância.

Fiquei um ano no Santos. Joguei duas vezes contra o Corinthians, no Pacaembu. Caralho, é uma emoção filha da puta jogar contra o Timão. E a torcida do Corinthians gritando meu nome o jogo todo. Foi uma situação parecida com a do Casagrande quando ele jogava pelo Flamengo e enfrentou o Corinthians no mesmo Pacaembu. Um pouquinho antes de jogar no Santos, fui fazer um jogo de ex-atletas do Corinthians contra o Corinthians inglês. Foi 1 x 0, fiz o único gol da partida, um golaço, por cima do goleiro. Os caras não paravam de gritar: "Volta, volta". Esse jogo aconteceu um ou dois meses antes de eu voltar ao futebol. Estava gordo feito uma porca.

Nos últimos meses de 1989, voltei ao Botafogo de Ribeirão Preto. Joguei apenas duas partidas, e logo na primeira quebrei a costela. Era um jogo do Campeonato Brasileiro da série B. Voltei ao Botafogo para encerrar a carreira, fechar o círculo e cair fora.

Em 1988, após ficar um ano longe dos gramados, Sócrates foi defender o Santos, seu time de infância

Transformação

Vivo no ambiente esportivo desde moleque e foi o que me permitiu conhecer a realidade brasileira. Porque convivi com todo tipo de segmento social nesse meio. Sempre fui um cara que adorava jogar, adorava coisas simples. Jogava em times de várzea – quando era moleque fui titular de um time amador da cidade, aos dez anos. Era lateral-direito, foi o buraco que arrumei lá. Joguei contra nego de quarenta, cinquenta anos, e eu com dez. Mas isso é o de menos, o legal é você conviver com pessoas de todos os tipos, e eu vivia a vida dos caras. Frequentava a casa deles, comia o que eles comiam, sentia a dificuldade de cada um. Então a realidade social do país eu vivenciei, desde garoto, por causa do futebol.

Meu pai teve uma origem humilde pra caralho, pobre pra cacete, mas eu não vivi isso. Quando nasci ele já estava melhor. Agora, para viver a realidade dos caras precisa estar lá, sentir o drama, estar ao lado deles quando só têm feijão e farinha para comer. De alguma forma, participei do processo político do país nos últimos vinte anos.

Este país é um país de contrastes e essa relação de forças vai ter que mudar. Essa talvez seja a grande convicção que eu tenha. Principalmente no aspecto econômico, em relação à sociedade, vai ter que mudar. Se houver apenas mecanismos normais na mão, mecanismos políticos, vai demorar um século. Com mecanismos populares pode-se acelerar a transformação, e não existe nada mais popular e político neste país do que o futebol.

Se a gente conseguir no meio do futebol criar uma sociedade politicamente comprometida, esse processo fica ainda mais rápido. Uma das minhas lutas dos últimos anos é mudar a legislação esportiva e exigir que os atletas tenham pelo menos o ensino médio completo. Só isso muda o conceito do que esse cara representa para a sociedade, porque vai ter que ter noção de quem ele é e o quanto ele é representativo. Só nisso ganharíamos uns setenta anos nos cem que teríamos que fazer. Não tenho dúvida. Porque nada é mais barato como educação do que o esporte, e nada mais político neste país do que o futebol.

Sócrates na Seleção:
“a gente só aprende quando perde, quando sofre”

Treino da Seleção em 1982: Sócrates, Toninho Cerezo, Falcão, Leandro, Serginho Chulapa e Junior

CAFÉ DO BRASIL
CAFÉ DO BRASIL

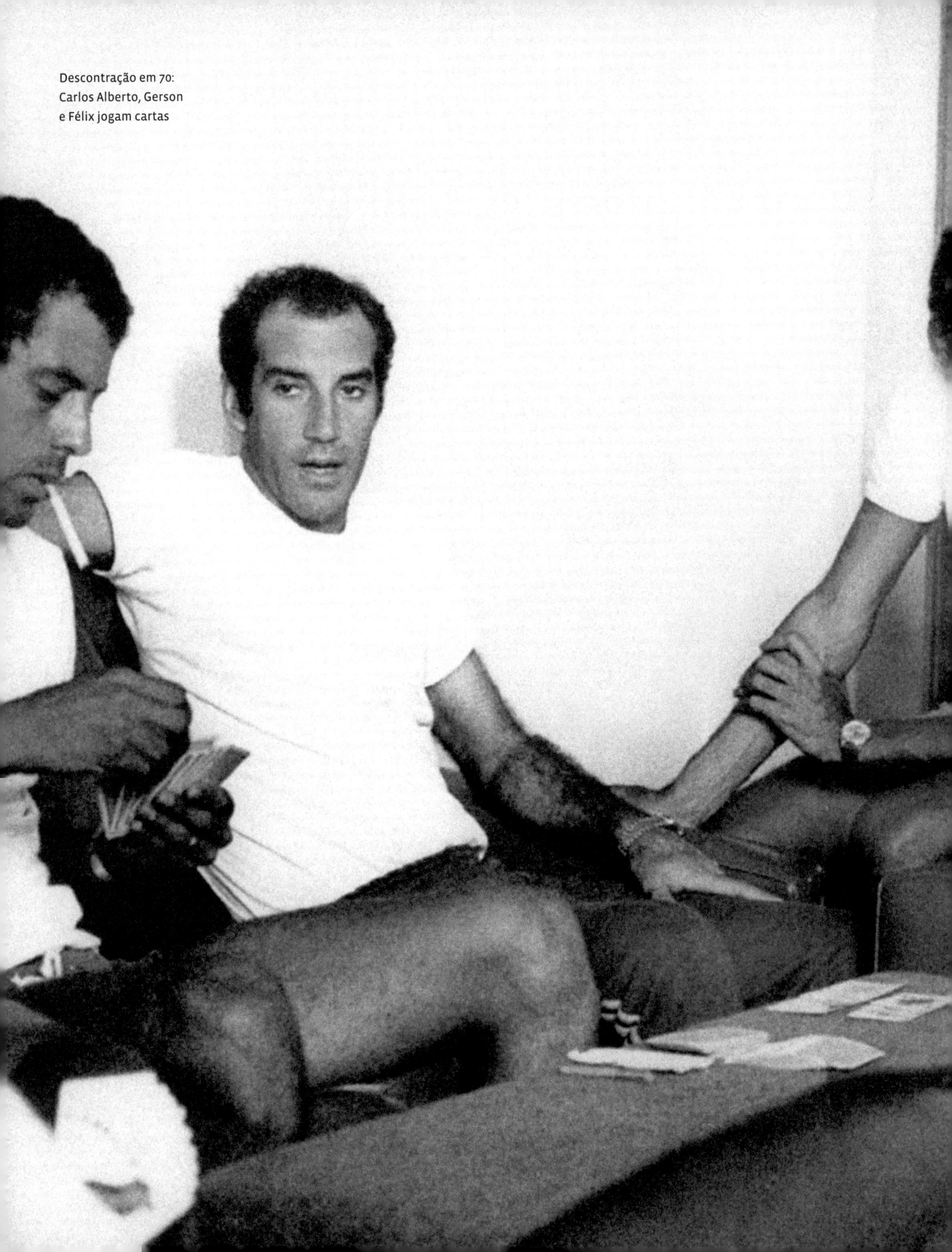

Descontração em 70:
Carlos Alberto, Gerson
e Félix jogam cartas

Pelé, Rivellino e Tostão:
o Brasil é tricampeão
mundial de futebol, 1970

Crédito das imagens

|capa e pp 20-21 e 75| Bettmann/CORBIS **|pp. 4-5, 6-7, 26-7, 36-7, 40-1, 42-3, 88, 90, 111a, 112a, 112b, 112c, 114, 116, 120, 129, 134-5, 136, 138-9, 141, 148, 149, 153, 154, 161, 164, 165, 167, 177, 195, 197c, 198, 200-1 e 236-7|** Popperfoto/Getty Images. **|pp. 12-3|** Central Press/Hulton Archive/Getty Images. **|pp. 18-9, 48, 50-1, 54, 55, 73, 82, 84-5, 89, 103, 104-5, 126-7, 131, 133, 151, 156, 169a, 169b, 169c, 170-1, 192-3 e 197a|** Arquivo/Agência O Globo. **|pp. 34-5|** Bob Thomas/Popperfoto/Getty Images. **|pp. 38-9|** Keystone/Getty Images. **|pp. 44-5, 46-7, 204-5, 221a, 227, 231 e 232-3|** Bob Thomas/Getty Images. **|pp. 53, 57, 66 e 81|** Arquivo do Estado/Acervo UH/Folha Imagem. **|p. 56|** Folha Imagem. **|pp. 59, 94, 147a e 183|** Acervo UH/Folha Imagem. **|pp. 60, 62-3, 65, 67, 86 e 218|** Arquivo pessoal. **|pp. 64, 147b, 199, 207 e 208|** Arquivo/Agência Estado/AE. **|pp. 68-9|** Haynes Archive/Popperfoto/Getty Images. **|pp. 70, 76, 96-7, 101b, 106, 119, 134 e 147c|** Acervo UH/Folha Imagem/Folhapress. **|p. 77|** Silvio/Acervo UH/Folha Imagem. **|p. 79|** Sidney/Acervo UH /Folha Imagem. **|pp. 87, 91, 100, 130b, 172, 174-5, 184a, 184b, 184c e 196|** Folha Imagem/Folhapress. **|pp. 92-3, 99, 108-9 e 111b|** Arquivo Djalma Santos **|p. 101a|** Staff/AFP/Getty Images. **|pp. 118, 122 e 182b|** Arquivo Editora Abril. **|p. 123|** Arquivo Diego Rousseaux. **|pp. 124 e 132a|** Arquivo do Estado/Acervo UH/Folha Imagem/Folhapress. **|p. 130a, 234-5|** Arquivo do Estado/Acervo Última Hora. **|p. 132b|** AP Photo. **|p. 135a|** Mike Hewit/Getty Images. **|p. 135b|** Daniel Garcia/AFP/Getty Images. **|pp. 143 e 179c|** Acervo Roberto Porto. **|pp. 158-9|** John Pratt/Keystone/Getty Images. **|p. 179a|** Hy Peskin/Time Life Pictures/Getty Images. **|p. 179b|** Ling / Evening News /Rex Features/Imageplus. **|pp. 180 e 216|** Antonio Lúcio/Agência Estado/AE. **|pp. 181 e 182a|** Arquivo/Jornal dos Sports. **|pp. 168 e 182c|** Arquivo Péris Ribeiro. **|p. 185|** M. Pires/Folha Imagem/Folhapress. **|pp. 186-7|** Arquivo Manchete Esportiva. **|pp. 188-9|** Manoel Motta/Editora Abril. **|p. 190|** Ignácio Ferreira/Editora Abril. **|p. 197b|** Sebastião Marinho / Agência O Globo. **|p. 202|** Luiz Novaes/Folha Imagem/Folhapress. **|p. 211|** Alfredo Rizzutti/Agência Estado/AE. **|p. 213|** J.B. Scalco/Editora Abril. **|p. 214|** Sporting Pictures/Rex Features. **|p. 217|** Getty Images. **|p. 219|** Allsport UK /Allsport. **|p. 221b|** AP Photo/Staff/Ut. **|p. 223|** Reproducão/Editora Abril. **|p. 224|** Sergio Berezovisk/Editora Abril. **|pp. 225 e 229|** Masao GotoFilho/Folha Imagem/Folhapress.

A editora procurou reconhecer os direitos morais e autorais sobre as imagens publicadas neste livro. A Cosac Naify agradece toda informação relativa à autoria e/ou a outros dados que estejam incompletos nesta edição e se compromete a fazer a eventual identificação na edição seguinte ou reimpressão.

O autor agradece a Benê Corrêa, Mildes Mota de Vasconcellos, Celso Unzelte, Alexandre Massi e Djalma Santos pela ajuda, imprescindível, na realização deste livro.

Crédito das citações

Os trechos de Nelson Rodrigues das **pp. 58, 93 e 126** foram tirados de *O berro impresso das manchetes*. Rio de Janeiro: Agir, 2007

Nas **pp. 62 e 104**, as frases de Mario Filho são de *O sapo de Arubinha – Os anos de sonho do futebol brasileiro*. São Paulo: Companhia das Letras, 1994

José Lins do Rego escreveu o trecho reproduzido na **p. 68** em *Flamengo é puro amor*. Rio de Janeiro: José Olympio, 2002

O trecho da **p. 84** é de Ruy Castro, *O vermelho e o negro – Pequena grande história do Flamengo*. São Paulo: DBA, 2001

Os excertos das **pp. 108, 170 e 175** são do livro *O gol é necessário*, de Paulo Mendes Campos. Rio de Janeiro: Civilização Brasileira, 2000

Na **p. 189**, a frase de Sergio Augusto foi tirada de *Botafogo – Entre o céu e o inferno*. Rio de Janeiro: Ediouro, 2004

O trecho de Tostão da **p. 192** é do breve ensaio "Passe", publicado no primeiro número da revista *Serrote*. São Paulo: Instituto Moreira Salles, 2009

Na **p. 200**, o verso de Carlos Drummond de Andrade foi reunido em *Quando o dia é futebol*. Rio de Janeiro: Record, 2002

A letra de José Miguel Wisnik na **p. 205** é parte da canção "Sócrates Brasileiro"

Coordenação editorial AUGUSTO MASSI e EMILIO FRAIA
Preparação ALEXANDRE MASSI
Revisão FABIANO CALIXTO, JORGE VIVEIROS DE CASTRO e PEDRO PAULO DA SILVA
Projeto gráfico ELISA VON RANDOW
Composição GABRIELA CASTRO
Pesquisa iconográfica ANDRESSA VERONESI
Tratamento de imagem WAGNER FERNANDES
Produção gráfica ALINE VALLI

Nesta edição, respeitou-se o novo Acordo Ortográfico da Língua Portuguesa

Dados Internacionais de Catalogação na Publicação (CIP)
(Câmara Brasileira do Livro, SP, Brasil)

Vasconcellos, Jorge [1956-]
Recados da bola: depoimentos de doze mestres do futebol brasileiro
Entrevistas a: Jorge Vasconcellos e Claudiney Ferreira
São Paulo: Cosac Naify, 2010
240 pp., 166 ils.

ISBN 978-85-7503-913-7

1. Entrevistas 2. Futebol - Brasil 3. Jornalismo esportivo
I. Vasconcellos, Jorge. II. Ferreira, Claudiney.

10-04558 CDD-796.3340981

Índices para catálogo sistemático:
1. Brasil : Futebolistas : Entrevistas 796.3340981

COSAC NAIFY
Rua General Jardim, 770, 2º andar
01223-010 São Paulo SP
Tel. [55 11] 3218 1444
www.cosacnaify.com.br

Atendimento ao professor [55 11] 3218 1473

Fonte VISTA SANS e VITESSE
Papel ALTA ALVURA 120 g/m²
Impressão GEOGRÁFICA
Tiragem 5 000